四特 教育系列丛书　SITEJIAOYUXILIECONGSHU

话题写作指导

《"四特"教育系列丛书》编委会　编著

吉林出版集团股份有限公司

全国百佳图书出版单位

图书在版编目（CIP）数据

话题写作指导／《"四特"教育系列丛书》编委会编著.
—长春：吉林出版集团股份有限公司，2012.4
（"四特"教育系列丛书／庄文中等主编.学生阅读与
作文方法指导）
ISBN 978-7-5463-8695-9

Ⅰ.①话… Ⅱ.①四… Ⅲ.①作文课－中小学－教学参考
资料 Ⅳ.① G634.343

中国版本图书馆 CIP 数据核字（2012）第 044189 号

话题写作指导

HUATI XIEZUO ZHIDAO

出 版 人　吴　强
责任编辑　朱子玉　杨　帆
开　　本　690mm×960mm　1/16
字　　数　250 千字
印　　张　13
版　　次　2012 年 4 月第 1 版
印　　次　2023 年 2 月第 3 次印刷

出　　版　吉林出版集团股份有限公司
发　　行　吉林音像出版社有限责任公司
地　　址　长春市南关区福祉大路 5788 号
电　　话　0431-81629667
印　　刷　三河市燕春印务有限公司

ISBN 978-7-5463-8695-9　　　　　定价：39.80 元

前　言

　　学校教育是人一生中所受教育最重要的组成部分，个人在学校里接受计划性的指导，系统地学习文化知识、社会规范、道德准则和价值观念。学校教育从某种意义上讲，决定着个人社会化的水平和性质，是个体社会化的重要基地。知识经济时代要求社会形成尊师重教的风气，学校教育越来越受重视，在社会中起到举足轻重的作用。

　　"四特教育系列丛书"以"特定对象、特别对待、特殊方法、特例分析"为宗旨，立足学校教育与管理，理论结合实践，集多位教育界专家、学者以及一线校长、教师的教育成果与经验于一体，围绕困扰学校、领导、教师、学生的教育难题，集思广益，多方借鉴，力求全面彻底解决。

　　本辑为"四特教育系列丛书"之《学生阅读与作文方法指导》。

　　阅读能力被著名教育家苏霍姆林斯基称之为学习技能的五把刀子之一，它不仅是语文学习能力的主要构成因素，也是训练学生的表达能力的重要途径，还是一切智力活动的基础。因此，有效阅读一直就是语文教学的核心，要提高语文能力，提升语文素养，必须加强有效阅读。

　　作文是人们交流思想和社会交际的重要工具。生活在现实社会，无论从事什么行业，都离不开写作，写作是人类生活的基本工具，是每一个社会成员搞好各项工作必须具备的一项基本素质。本书从肖像、语言、行动、心理、场面、景物、静态、状物、抒情和话题等方面，为广大青少年提供了实际指导和范文阅读，使大家不仅可以学到作文的知识，还能感受到好词好句好段中所蕴含的优美意境，能够受到精神的陶冶。

　　本辑共 20 分册，具体内容如下：

　　1.《肖像描写阅读指导》

　　肖像描写即描绘人物的面貌特征，它包括人物的身材、容貌、服饰、打扮以及表情、仪态、风度、习惯性特点等。肖像描写的目的是以"形"传"神"，刻画人物的性格特征，反映人物的内心世界。描是描绘，写是摹写。描写就是用生动形象的语言，把人物或景物的状态具体地描绘出来。这是一般记叙文和文学写作常用的表达方法。本书针对学生如何高效阅读肖像描写类文章进行了系统而深入的分析和探讨，并给予了切实的指导，对中小学生颇有启发意义。

　　2.《语言描写阅读指导》

　　语言描写是塑造人物形象的重要手段。成功的语言描写总是鲜明地展示人物的性格，生动地表现人物的思想感情，深刻地反映人物的内心世界，使读者"如闻其声，如见其人"，获得深刻的印象。本书针对学生如何高效阅读语言描写类文章进行了系统而深入的分析和探讨，并给予了切实的指导，对中小学生颇有启发意义。

　　3.《行动描写阅读指导》

　　行动描写是刻画人物的手法之一，是塑造人物的主要手段。行动是人物思想性格的直接表现，因此，人物的行动描写就要善于抓住人物具有特征性的动作，从而展示人物的精神面貌，反映人物的性格特征，塑造出个性鲜明的人物形象。本书针对学生如何高效阅读行动描写类文章进行了系统而深入的分析和探讨，并给予了切实的指导，对中小学生颇有启发意义。

4. 《心理描写阅读指导》

心理描写是指在文章中，对人物在一定的环境中的心理状态、精神面貌和内心活动进行的描写，是作文中表现人物性格品质的一种方法。最常用的是描写人物的内心独白，写出人物的所思所想，让人物吐露自己的心声，说出他的欢乐和悲伤、矛盾和愁郁、忧虑和希望，使读者穿透人物外表，看到人物的内心世界。本书针对学生如何高效阅读心理描写类文章进行了系统而深入的分析和探讨，并给予了切实的指导，对中小学生颇有启发意义。

5. 《场面描写阅读指导》

场面描写，就是对一个特定的时间与地点内许多人物活动的总体情况的描写。它往往是叙述、描写、抒情等表述方法的综合运用，是自然景色、社会环境、人物活动等描写对象的集中表现。场面描写要表现出一种特定的气氛，要综合运用记叙、描写、抒情、议论等表达手段，以及映衬、象征等多种手法，这样才能使场面变成一幅生动而充满感染力的图画。本书针对学生如何高效阅读场面描写类文章进行了系统而深入的分析和探讨，并给予了切实的指导，对中小学生颇有启发意义。

6. 《景物描写阅读指导》

景物描写，是指对自然环境和社会环境中的风景、物体的描写。景物描写主要是为了显示人物活动的环境，使读者身临其境。本书针对学生如何高效阅读景物描写类文章进行了系统而深入的分析和探讨，并给予了切实的指导，对中小学生颇有启发意义。本书不仅提供了学生有效阅读同范文，还提供了相应的阅读把握方法等，具有很强的系统性、实用性、实践性和指导性。

7. 《风俗描写阅读指导》

风俗习惯指个人或集体的传统风尚、礼节、习性，是特定社会文化区域内历代人们共同遵守的行为模式或规范。风俗是一定历史条件下的产物，它对社会成员有一种非常强烈的行为制约作用。风俗描写主要包括民族风俗、节日习俗、传统礼仪等等。本书针对学生如何高效阅读风俗描写类文章进行了系统而深入的分析和探讨，并给予了切实的指导，对中小学生颇有启发意义。

8. 《记叙文阅读指导》

阅读记叙文必须注意把握文章的基本要素，理清记叙的顺序以及线索，准确理解记叙中的描写议论和抒情。只有这样，才能从整体上全面把握记叙文的内容，理解作者的写作意图和文章所反映的中心思想。本书针对学生如何高效阅读记叙文进行了系统而深入的分析和探讨，并给予了切实的指导，对中小学生颇有启发意义。

9. 《抒情散文阅读指导》

抒情散文主要是抒发作者对现实生活的感受、激情和意愿。抒情散文抒发的是怎样的感情，如何抒发，都与文章揭示的思想意义有很大的关系。本书针对学生如何高效阅读抒情散文进行了系统而深入的分析和探讨，并给予了切实的指导，对中小学生颇有启发意义。本书不仅提供了学生有效阅读同范文，还提供了相应的阅读把握方法等，具有很强的系统性、实用性、实践性和指导性。

10.《话题性文章阅读指导》

话题性文章一般与学生的生活实际联系得最紧密，学生应该有话可写。但由于话题比较宽泛，要写得出彩也不容易。写作的关键在于话题转化，或化大为小，或化抽象为具体。本书针对学生如何高效阅读话题性文章进行了系统而深入的分析和探讨，并给予了切实的指导，对中小学生颇有启发意义。

11.《肖像写作指导》

肖像描写即描绘人物的面貌特征，它包括人物的身材、容貌、服饰、打扮以及表情、仪态、风度、习惯性特点等。肖像描写的目的是以"形"传"神"，刻画人物的性格特征，反映人物的内心世界。描是描绘，写是摹写。描写就是用生动形象的语言，把人物或景物的状态具体地描绘出来。本书针对学生如何提高肖像描写类作文写作水平进行了系统而深入的分析和探讨，并给予了切实的指导，对中小学生颇有启发意义。

12.《语言写作指导》

语言描写是塑造人物形象的重要手段。成功的语言描写总是鲜明地展示人物的性格，生动地表现人物的思想感情，深刻地反映人物的内心世界，使读者"如闻其声，如见其人"，获得深刻的印象。本书针对学生如何提高语言描写类作文写作水平进行了系统而深入的分析和探讨，并给予了切实的指导，对中小学生颇有启发意义。

13.《行动写作指导》

行动描写是刻画人物的手法之一，是塑造人物的主要手段。行动是人物思想性格的直接表现，因此人物的行动描写就要善于抓住人物具有特征性的动作，从而展示人物的精神面貌，反映人物的性格特征，塑造出个性鲜明的人物形象。本书针对学生如何提高行动描写类作文写作水平进行了系统而深入的分析和探讨，并给予了切实的指导，对中小学生颇有启发意义。

14.《心理写作指导》

心理描写是指在文章中，对人物在一定的环境中的心理状态、精神面貌和内心活动进行的描写，是作文中表现人物性格品质的一种方法。最常用的是描写人物的内心独白，写出人物的所思所想，让人物一无遮掩地吐露自己的心声，说出他的欢乐和悲伤、矛盾和愁郁、忧虑和希望，使读者穿透人物外表，看到人物的内心世界。本书针对学生如何提高心理描写类作文写作水平进行了系统而深入的分析和探讨，并给予了切实的指导，对中小学生颇有启发意义。

15.《场面写作指导》

场面描写，就是对一个特定的时间与地点内许多人物活动的总体情况的描写。它往往是叙述、描写、抒情等表述方法的综合运用，是自然景色、社会环境、人物活动等描写对象的集中表现。场面描写要表现出一种特定的气氛要综合运用记叙、描写、抒情、议论等表达手段，以及映衬、象征等多种手法，这样才能使场面变成一幅生动而充满感染力的图画。本书针对学生如何提高场面描写类作文写作水平进行了系统而深入的分析和探讨，并给予了切实的指导，对中小学生颇有启发意义。

16.《景物写作指导》

景物描写，是指对自然环境和社会环境中的风景、物体的描写。景物描写主要是为了显示人物活动的环境，使读者身临其境。本书针对学生如何提高景物描写类作文写作水平进行了系统而深入的分析和探讨，并给予了切实的指导，对中小学生颇有启发意义。本书除提供各种作文的方法外，还提供了大量的好词、好段、好句供广大学生作文时参考借鉴，具有很强的系统性、实用性、实践性和指导性。

17.《静态写作指导》

在写物的静态时，要尽量去发掘这一静物的动态。如果要状写一些不可能有动态的物，那么就要去发现它们的质感和有活力的部分。如果我们抓住这些来写，那么那些静静躺在盘子里，平平睡在盒子里的东西也会生出许多引人的魅力来。总之，写物的静态时，要尽量找些鲜活的因素来描上几笔，而这几笔往往是最传神的。本书针对学生如何提高静态描写类作文写作水平进行了系统而深入的分析和探讨，并给予了切实的指导，对中小学生颇有启发意义。

18.《状物写作指导》

状物类作文，以"物"为描述的中心和文章的线索，或寓情于物，或托物言志，融知识性与趣味性于一体，表达文章的题旨。这是学生喜闻乐见的一种写作形式。因此，加强状物类作文的指导，既是学生的一种心理需求，也是新的课程标准的目标之一。本书针对学生如何提高状物类作文写作水平进行了系统而深入的分析和探讨，并给予了切实的指导，对中小学生颇有启发意义。

19.《抒情写作指导》

写抒情散文，重在"情"字。一篇文章要打动读者的感情，作者首先要自己动感情，把感情融入字里行间。作家魏巍说过："写好一篇东西，能打动人心，就要把心捧给读者。"把心捧给读者，就是要吐真情，有真意，让情真意切的行文去感动读者。本书针对学生如何提高抒情散文写作水平进行了系统而深入的分析和探讨，并给予了切实的指导，对中小学生颇有启发意义。

20.《话题写作指导》

要想写好话题作文，除审题命题外，要注意选择自己最熟悉的事情，抒发自己真实的感情，另外还要选择自己最拿手的文体。需要注意的是，话题作文也要注意体裁的确定，虽然作文的要求是自由选择文体，但一旦选择了某种文体，就一定要体现这种文体的特点，切不可写成四不像的作文来。总之，话题作文的写作给了作者发挥自己写作优势的天地，只要选择自己最擅长的去写，就能取得不错的成绩。本书针对学生如何提高话题作文写作水平进行了系统而深入的分析和探讨，并给予了切实的指导，对中小学生颇有启发意义。

由于时间、经验的关系，本书在编写等方面存在一些不足和错误之处，衷心希望各界读者、一线教师及教育界人士批评指正。

作者

目 录

第一章 话题写作指导 …………………………………… （1）

  1. 什么叫话题写作 …………………………… （2）

  2. 话题作文的特点 …………………………… （2）

  3. 话题和命题的区别 ………………………… （3）

  4. 学生写好话题作文的策略 ………………… （4）

  5. 教师指导话题写作的策略 ………………… （7）

  6. 话题写作的拟题 …………………………… （12）

  7. 话题作文行文之前五定位 ………………… （13）

  8. 话题写作的注意事项 ……………………… （16）

  9. 话题写作的几大误区 ……………………… （17）

第二章 话题写作论段 …………………………………… （19）

  1. 人生 ………………………………………… （20）

  2. 生命 ………………………………………… （21）

  3. 青春 ………………………………………… （22）

  4. 时间 ………………………………………… （23）

  5. 惜时 ………………………………………… （25）

  6. 个人 ………………………………………… （27）

7. 儿童 …………………………………………（27）

8. 青年 …………………………………………（29）

9. 人性 …………………………………………（30）

10. 个性 …………………………………………（32）

11. 善恶 …………………………………………（34）

12. 良知 …………………………………………（36）

13. 人格 …………………………………………（37）

14. 价值 …………………………………………（39）

15. 尊严 …………………………………………（41）

16. 自尊 …………………………………………（42）

17. 自爱 …………………………………………（43）

18. 自强 …………………………………………（44）

19. 自信 …………………………………………（45）

20. 自知 …………………………………………（47）

21. 自制 …………………………………………（48）

22. 命运 …………………………………………（49）

23. 幸福 …………………………………………（51）

24. 自由 …………………………………………（53）

25. 健康 …………………………………………（55）

26. 机遇 …………………………………………（56）

27. 金钱 …………………………………………（57）

28. 财富 …………………………………………（59）

29. 幸运 …………………………………………（61）

30. 快乐 …………………………………………（62）

31. 厄运 …………………………………………（64）

32. 困难 ……………………………………… (65)

33. 不幸 ……………………………………… (66)

34. 痛苦 ……………………………………… (68)

35. 生活 ……………………………………… (70)

36. 饮食 ……………………………………… (74)

37. 穿着 ……………………………………… (75)

38. 烟酒 ……………………………………… (77)

39. 休息 ……………………………………… (78)

40. 娱乐 ……………………………………… (79)

41. 爱好 ……………………………………… (80)

42. 旅行 ……………………………………… (81)

43. 收藏 ……………………………………… (83)

44. 阅读 ……………………………………… (83)

45. 运动 ……………………………………… (84)

46. 锻炼 ……………………………………… (84)

47. 医疗 ……………………………………… (85)

48. 养生 ……………………………………… (86)

49. 真理 ……………………………………… (86)

50. 谬误 ……………………………………… (89)

51. 黑暗 ……………………………………… (89)

52. 光明 ……………………………………… (90)

53. 斗争 ……………………………………… (90)

54. 反抗 ……………………………………… (91)

55. 理想 ……………………………………… (92)

56. 希望 ……………………………………… (94)

57. 志向 ……………………………………（95）

58. 目标 ……………………………………（96）

59. 未来 ……………………………………（97）

60. 信仰 ……………………………………（98）

61. 爱国 ……………………………………（99）

62. 奋斗 ……………………………………（100）

63. 追求 ……………………………………（102）

64. 信心 ……………………………………（103）

65. 意志 ……………………………………（104）

66. 行动 ……………………………………（105）

67. 毅力 ……………………………………（106）

68. 事业 ……………………………………（107）

69. 工作 ……………………………………（108）

70. 创造 ……………………………………（109）

71. 开拓 ……………………………………（110）

72. 风险 ……………………………………（110）

73. 成功 ……………………………………（111）

74. 失败 ……………………………………（112）

75. 道德 ……………………………………（113）

76. 美德 ……………………………………（114）

77. 教养 ……………………………………（115）

78. 品格 ……………………………………（116）

79. 公正 ……………………………………（117）

80. 正直 ……………………………………（118）

81. 高尚 ……………………………………（119）

82. 善良 ………………………………………… （120）

83. 宽宏 ………………………………………… （121）

84. 勤劳 ………………………………………… （122）

85. 俭朴 ………………………………………… （123）

86. 勇敢 ………………………………………… （124）

87. 诚实 ………………………………………… （125）

88. 谦虚 ………………………………………… （126）

89. 情感 ………………………………………… （127）

90. 热情 ………………………………………… （129）

91. 激情 ………………………………………… （130）

92. 同情 ………………………………………… （131）

93. 理智 ………………………………………… （132）

94. 心灵 ………………………………………… （133）

95. 快乐 ………………………………………… （134）

96. 交际 ………………………………………… （135）

97. 友谊 ………………………………………… （136）

98. 交友 ………………………………………… （138）

99. 识人 ………………………………………… （139）

100. 择友 ………………………………………… （140）

101. 朋友 ………………………………………… （141）

102. 处世 ………………………………………… （141）

103. 待人 ………………………………………… （143）

104. 信任 ………………………………………… （143）

105. 赞扬 ………………………………………… （144）

106. 互助 ………………………………………… （145）

107. 守信 ……………………………………（145）

108. 礼貌 ……………………………………（146）

109. 礼节 ……………………………………（147）

110. 文化 ……………………………………（148）

111. 知识 ……………………………………（149）

112. 学问 ……………………………………（150）

113. 学习 ……………………………………（150）

114. 读书 ……………………………………（151）

115. 求知 ……………………………………（152）

116. 好学 ……………………………………（154）

117. 才能 ……………………………………（154）

118. 天才 ……………………………………（155）

119. 智慧 ……………………………………（156）

120. 思想 ……………………………………（157）

121. 教师 ……………………………………（158）

122. 德智 ……………………………………（158）

123. 体美 ……………………………………（159）

124. 尊师 ……………………………………（160）

第三章　话题写作论句 …………………………（161）

1. 人生 ……………………………………（162）

2. 命运 ……………………………………（168）

3. 生活 ……………………………………（171）

4. 真理 ……………………………………（173）

5. 理想 ……………………………………（174）

6. 事业 ···（176）

7. 道德 ···（178）

8. 情感 ···（181）

9. 交际 ···（183）

10. 处世 ··（183）

11. 文教 ··（185）

第四章　话题写作论点 ·································（189）

1. 人生 ···（190）

2. 青春 ···（190）

3. 生活 ···（190）

4. 性格 ···（190）

5. 品德 ···（190）

6. 理想 ···（191）

7. 成功 ···（191）

8. 习惯 ···（191）

9. 心灵 ···（191）

10. 幸福 ··（191）

11. 情感 ··（192）

12. 修养 ··（192）

13. 言行 ··（192）

14. 爱情 ··（192）

15. 处世 ··（193）

16. 爱国 ··（193）

17. 哲理 ··（193）

18. 智慧 …………………………………………………… （193）

19. 精神 …………………………………………………… （193）

20. 文化 …………………………………………………… （194）

21. 艺术 …………………………………………………… （194）

22. 教育 …………………………………………………… （194）

23. 知识 …………………………………………………… （194）

24. 自然 …………………………………………………… （194）

第一章

话题写作指导

1.什么叫话题写作

"话题",就是指谈话的中心;以所给的话题为中心,并围绕这个中心内容而进行选材写出的文章就是"话题"作文。这类作文题表面上一般不含有观点,内容上不予限制,形式上往往也是体裁不限。

话题作文是一种用一段导引材料启发思考,激发想象,用话题限定写作范围的作文题型。"话题"作文其实只是提供了一个话题,即规定了表达的中心内容,而不限制取材范围和表达方式的作文形式。以话题为内容的开放式命题与以往的命题作文相比较,它的好处是给考生更大的写作空间,更大的发挥余地。

2.话题作文的特点

(1) 相关性

话题作文必须与话题相关,一般情况下,话题作文的要求只规定话题的范围,而不限定作文的主旨。

(2) 自由性

自由性是话题作文最大的特点。考生在题目、选材、文体、想象空间上有极大的自由性和自主性。具体表现为以下几点:

①题目自由。所给话题可以不作题目,考生可以自拟题目,但所拟之题最好能体现文体的特点。

②选材自由。只要是选择与话题相关的写,都有效。

③文体自由。话题作文大多要求除诗歌外,考生可自由选择记叙文、说明文、议论文等文体。

④想象自由。话题作文在题目、选材、文体等所赋予考生广泛的自由度也使考生有了更广阔的想象空间，但要注意想象深度。总之，话题作文缩小了对考生的限制，提供了更多的选择余地和想象空间。考生可以在作文中最大限度发扬自己的长处，写出自己的个性，体现自己的创造力。

（3）形象性

"话题"式作文就是要让学生驰骋于形象思维的空间，表现学生丰富的联想与想象能力。因为"话题"式作文更有利于形象思维的涌动，学生尽可以放开手脚，海阔天空，任意翱翔。他们可以充分展示自己的想象，也可以任意展开联想的翅膀，"海阔凭鱼跃，天高任鸟飞"。

（4）审题

把握好题目的关键，首先在于审清话题的限制，确定什么能写什么不能写；其次，要审内涵，搞清话题的引申义；最后，要审提示语，因为提示语是引出话题的材料。

3. 话题和命题的区别

（1）话题作文提供一个写作范围，所供题目仅仅起提示内容指向的作用。而命题作文一般提供的是写作内容的中心，命题本身是话题的除外。

（2）话题要求所写内容与之相关即可，而命题作文一般要求紧扣标题。

（3）话题作文的写作范围一般来说远远大于某些命题作文。

（4）话题作文作者可以自拟文题，而命题作文作者当然不能另命文题。

4. 学生写好话题作文的策略

(1) 大题小做

一般命题作文常常要求从日常生活的一事一景一物中选取题材，并努力使平凡的题材具有深广的意蕴，此所谓"小题大做"。自高考作文命题打破传统之后，话题作文便应运而生，而这个话题往往是个大话题，如"新世纪畅想""答案是丰富多彩的""诚信""心灵的抉择"等。这样的话题作文最紧要的是能不能"大题小作"——即抓住一点，写深写透，避免泛泛而谈，"弱水三千，我只取一瓢饮"，并且让其中的每一滴水都能折射太阳的光辉。

①小时空，集中体现大话题。

话题作文要做到"大题小作"，必须时间跨度小，空间转换少。著名的话剧《雷雨》将前后三十年间的恩恩怨怨集中在一天一夜这样短的时间内淋漓尽致地表现了出来，从而产生了强烈的艺术效果。写作文也是如此。如果不注意小时空，记叙文容易写成流水账，议论文容易写成"脚踩西瓜皮"式的文章。

如1999年高考作文"假如记忆可以移植"，一旦选取了时空点，故事就有特定的时间和地点，就有可能窥一斑而见全豹，以典型事件集中反映大主题，从而成为佳作。高考优秀作文特别是满分作文都能很好地做到这一点。

②小角度，深刻反映大话题。

话题作文要做到"大题小作"，还必须从小角度入手。这个角度还须是这个话题的一个"子目录"。只有这样，才能产生"断其一指"的效果。

如在写作"电脑"这个话题作文的时候，不宜只是大谈电脑的历史，也不宜面面俱到地谈论其利弊。可以对话题进行分析研究，找出其"子目录"，然后选择其中一点来写。从"利"的一面可写《电脑——人类的好帮手》，从"弊"的一面可写的更多了，如《电脑的烦恼》《电脑黑客》《经典网络爱情故事》等。这样无论是记叙文还是议论文，都会以角度小分析深取胜。

③小场景，烘托大话题。

话题作文要做到"大题小作"，也必须选择小场景。契诃夫《变色龙》中选取了大街一个场景，将人物放在这个小场景中，让他自己表演，揭露其见风使舵的变色龙性格。在写作话题作文时，有意识地以小场景来折射大题材非常重要，它可使写出的小小说极其巧妙，从而以精巧打动阅卷者。

如以《新世纪畅想》为话题作文，很容易只是海阔天空地畅谈，而要写出真正有质量的文章，不妨"小作"。有一篇满分作文就选择了一个足球场为场景，以地球、月亮及太阳系其他行星组成的队伍与其他宇宙星球队进行一场精彩的比赛，却因为前锋地球生病，未能发挥应有的水平而落败，从而反映了地球生态环境污染问题，真正做到了大题"小作"。

（2）蒙太奇手法

影视拍摄中有一种表现手法叫"蒙太奇"，即用许多镜头适当打破时空界线，将故事剪辑组合到一起，以使上下贯通，首尾完整。在作文写作中，我们也不妨借用点蒙太奇手法，把多组不连贯的画面按一定的顺序组织排列在一起，以此来促进人物性格的形成和故事情节的发展，共同表达一个主题。

（3）话题讲究"出新"

考场作文是在紧张氛围下的急就之作，考后由语文教学高手只评不改，划等打分。因此它区别于平日里的课堂作文，要想出格出新，就必须抓住或掌握一些考场写作"出新"的技巧。或以激情胜出；或以热点胜出；或以文采的流动而打动人；或以理性的深刻而引人注目……下面笔者结合考场优秀作文，浅谈六种"出新"技巧，以期为广大考生提供一点帮助。

①以"激情"出新。

如果说一篇文章平淡无味，那么势必人人都不喜欢；反之则会人见人爱。因而，考生在写作时要注意展现青年人朝气蓬勃的精神，要把作文与自己的远大志向巧妙结合，用自己的情感去倾泻，去浇灌；用自己的志向去感召，去激励；在文章中尽力展现为自己的理想而执着追求；为美好灿烂的明天而努力拼搏；为幸福与和平而奋不顾身……这些行为，这些举动，会激励人产生一种积极向上的勇气，更会激发阅卷教师的情感，带动阅卷教师的情绪。所以，考生必须把自己的全部激情灌注其中，尽可能地用激情来增加自己作文的吸引力、黏合力。

②以"广博"出新。

考场作文除有饱满的激情外，还可以广泛地涉猎文史典籍，从而显示出厚实的历史和文化积淀，让文章散发出历史文化气息。因此，从文章内容上应超越一般考生的认知领域，展现出知识积累的广度和深度；要"见人所未见，发人所未发"；要充分调动自己知识的储备，巧妙地运用典型事件，编织成主旨贯一而文化底蕴深厚的文章，从而以渊博的知识获得阅卷教师的好评。

③以"热点"出新。

纷繁多变的当代生活是写作的源头活水。作为一名考生，应时刻关注与日常生活有关的热点问题，只有保持投入生活的一份热情，把握社会跳动的脉搏，紧跟时代的步伐，才能写出具有时代性的，呈现新鲜生活的文章。因此，考生在选材上应尽可能着眼当代热点，着眼当代新风，着眼当代改革。只有用热点的潮流去打动阅卷教师的内心，才能博得他的青睐。

④以"玄机"出新。

话题作文最大的特点就是开放性，即内容的开放和形式的自由。

这样自然有利发挥考生的创新意识。古人云"文似看山不喜平"，今人也强调"做人要真，写文要曲"，这些都从不同角度告诉我们，写文章要引人入胜，要苦心设计，在内容上或巧设悬念、套中扣套，或逆向结尾、欲扬先抑。在形式上可写成议论文、抒情文，甚至写短剧、书信、公告、事务文书等。只要内容上张驰有度，形式上新颖恰巧，自然就会让阅卷教师叹服你的才华。

⑤以"理性"出新。

凡名篇佳作，往往内容深刻，理性突出，因而考生的考场作文也应放眼未来，要善于把事物放在大背景下去看、去想，用世界的、长远的、人生的目光审视生命、人生、社会；要善于思辩，看到事物的多面性，用个性的眼光去审视世界；要善于冷静反思，打破常规格式，用个性的思考和别具的慧眼去感悟世界。只有这样，写出的文章才能于形象中见哲理，于质朴中见深刻，于含蓄中蕴真义，才能让阅卷教师爱不释卷。

⑥以"文采"出新。

古人云："言之无文，行而不远。"其中的"文"即"文采"。古人也云："义虽深，理虽当，词不工者不成文。"这些都告诉我们，好的文章自然离不开好的文采，因而考生在写作时除了追求思想深刻，内涵丰富，意境深远，还应注重文辞。好的文辞，读起来如饮香茗，余甘未尽；如食橄榄，余香无穷。如果考生在考场中能准确、简洁地用词，能根据表达的需要选择灵活的句式和鲜活而独特的修辞，那么就会使自己的文章文采斑斓，引人入胜。

5.教师指导话题写作的策略

(1) 转变写作观念

话题作文比命题作文和命意作文带有更多的创造性，关键是对话题要有深刻的洞察力、敏锐的反应力、流畅的表达力。这就需要"深挖洞""广积粮"。

"深挖洞"即提高自己的思想认识水平，砥砺自己的思维品质。思想的获得需要用生命去体验，需要用阅读去滋养。"广积粮"即广泛地储备写作素材，培养深厚的文化底蕴。考察近年的高考满分作文，除了有独到的见解、独特的表达，就是有丰富的材料，阅卷的感觉真像品海味大餐、满汉全席。为此，在书山题海中蹒跚的学生要多参加相关活动。例如：组织开展时事短评，引导学生关注现实，关注社会，把握时代的脉搏；搞"无理辩三分钟"的活动，以锻炼学生的辩证分析能力；开办读书长廊，让学生饱读诗书。要多给学生提供些思考的话题，如交友、奉献、宽容、机遇、磨难、风度、青春、自由、财富、竞争等，或师生共同搜寻话题，引导学生去捕捉、触摸、扫捕、探究，以提高认识，积累感受。

（2）加强针对性训练和指导

①引导学生观察社会，关注时代，开启作文的源头活水。

现在仍有一些学生进入高三之后，"两耳不闻窗外事，一心只读教辅书"。其实，国事家事窗外事已经事事入题，物质文明、精神文明、人口、环保、资源、网络……都应纳入自己的视野，应该真实、真切、真挚地关注感受和体验生活，有了生活的源头活水，才能纵横捭阖，才能左右逢源，才能游刃有余，才能写出文质兼美的文章，才能在众多的考生中一枝独秀，出类拔萃。况且，近年的高考鼓励创新，创新从何而来？创新从对生活的细心观察来，从对生活的认真思考来。

对此，语文教育家章熊先生早就指出"作文的创新源于观察分析能力和求新意识"。在书山题海中蹒跚的高三学生，仍需多一分激情，关注时代，多一分理智，感悟生活。

②加强拟题方法的指导。

标题是文章的眼睛，是文章内容和读者情感心理之间的第一个接触点，是让人一见钟情的因子，也提供给读者窥视文章内容的独特视角。文不对题，如同眼睛无神，总是缺憾。语文教师应让学生从直观的展示中吸纳营养；在作文训练中集中罗列作文尤其是高考佳作的好标题，让学生自己领悟模仿；师生共同总结归纳各种文体的拟题方法，如公式式、联想式、论点式、论题式、论辩式、关系式、比喻式、借代式、引用式、拟人式、仿用式、回环式、呼告式、故事式、应用文式、对联式等。

③强化多角度立意。

立意即确立写作意向，是表述自己的思想认识，展示自己的情感意向。"意"是文章的灵魂，意胜则文胜。作文立意的四字诀为：准，切题不跑题；深，深刻不肤浅；稳，稳妥不走险；新，新颖不俗套。为此，要启动开放思维：多向思维、多角度思维、辐射思维、发散思维。引导学生多想，沿着话题的顺向、逆向、侧向作发散思考；围绕话题作类、因、果、法的揣摩；对于话题进行情理的联想。尽可能把应想到的角度都想到，以期寻求更多更新的角度，多中选稳，稳中选优，优中选深，深中选新。

④加强对联想、想象能力的开掘。

"想象力比知识更重要"，爱因斯坦的这句名言，对于作文更为适用。想象力丰富的考生面对话题"一而能多"，写起文章放得开，内容充实富于文采；想象力贫乏的考生，面对话题"一"就是一，写起文章文思枯竭、平淡无奇。因此高三备考要加强学生联想、想象力的挖掘。例如，围绕话题"路"想到"一条充满舐犊之情的夜归路""爱心滋润我的求学路""充满温馨的家乡小路""羞愧与希望交织的复读之路""榜上无名的脚下之路"，由"迷路"阐发"人生需要指引"的道理，由"人生岔路"想到"人生岔路关键的仅有几步"，由"路的变化"展示"时代的发展"，由"再就业之路"表达

"放下架子调整心态，再就业并不难"的道理，由"掌声响起来的成功"抒发"汗水铺就"的感慨，由"平路泥泞路坎坷路"阐发"平路脚印浅，泥泞路脚印深"的人生感悟，由"一段上坡路"寄寓"走出人生的困境"，由"跌过脚的一段路"比喻"走出人生挫折"，想到高速公路作高速的畅想……引导学生围绕话题事物作相同、相近、相关、类比、对比、因果等联想；围绕话题作思前想后的追想，作虚拟性的设想，作前因后果的推想，如由鲜花推想到种子推想到果实等。

（3）练平常也要练非常

①努力做到思想内容深刻透彻。

凡事往高处站一站，往深里想一想，带些哲理性和思辩性，行文力避第一思路。引导学生多思多想多疑，让学生的思维"发岔"，将事物联系起来加以思考，由表及里，由浅及深，由近及远，由点及面，由实到虚，由大到小，由此及彼。

将话题向纵深开掘，探索说理的内核。素材的选择要有一定的深度、广度和力度。用延宕思维多中选优，优中择深。古人戴师初曾说："凡作文发意，第一番来者，陈言也，扫去不用；第二番来者，正语也，停止不可用；第三番来者，精语也，方可用之。"这种避开第一思路的做法可资借鉴。

②要追求生动形象有文采。

生动形象有文采来自文化底蕴，来自知识，来自视野，来自善于联想，来自巧于借鉴，来自精选的材料，来自深刻的思考，来自句式的选择，来自修辞的运用。为此，要引导学生多品味精短诗文，把学生置于新奇活泼美妙创新的语言环境之中，在精彩文、精彩段、精彩句的熏染及对其模仿借鉴学习中提高自己的语言功夫。

如从《散文诗》《杂文报》《散文选刊》《青年博览》等中选精美篇章。对精彩诗文含其英咀其华，久而久之，口有余香，可治"假大空"，亦可增加文情辞采。引导学生将仿例造句练着用、用着练，引入文章写作。*1999* 年一位考生在作文开头写道：

> 我羡慕李清照的婉约清丽，辛弃疾的豪放雄奇；我崇尚曹雪芹的博大精深，鲁迅的沉郁典雅；我喜欢赵树理的朴素自然，张一弓的淋漓尽致。

起笔几句很精彩很抓人，其实他就是仿用了现成的句子。笔者曾听过一节关于"人生关怀"的话题作文课，教师要求学生用练过的仿句写开头，不少作文文采斐然。例如下面几段文字：

> 关怀是飘扬在空中的小夜曲，使孤苦无依的人获得心灵的慰藉；关怀是照射在冬日里的暖阳，使饥寒交迫的人感到生活的温馨。
>
> 失去关怀的人生就像失去控制的船只，摇摇晃晃没有依托；失去关怀的人生就像断了线的风筝，飘飘摇摇不知归宿；失去关怀的人生就像漫漫长夜，昏昏暗暗，没有光明。
>
> 同踏一方土，共顶一片天，我们能够感受到关怀的暖意在心底流淌，关怀是一种心灵的抚慰，是一种友谊的闪烁；关怀又是春风流动的一丝花讯，炎炎夏日的一片绿荫。

③要有"新"的意识。

构思往"独"里想一想，力图吃"独食"，想象奇特又合情理，夸张、渲染、虚拟、联想到位而不过头，反弹琵琶要自圆其说；材料要保持一定的"鲜"度，见解也才能别具慧眼，才能给阅卷教师以新知，才能让在文山题海中遨游的阅卷教师兴奋起来；体式要注意嫁接、衍生、翻转、脱胎，显示"新"意。

创新离不开借鉴，古人强调"善偷"，那是立意的学习，体式的借鉴，语句的移用和模仿，是化而用之，"偷"后要"移赃"，有犯有避，推陈出新，显现自己的个性与真情；而不是生吞活剥，更不是照抄照搬，"全盘西化"则全盘皆输。

6. 话题写作的拟题

（1）拟题要到位

话题作文大多要求考生自拟题目，有的考生贪图省事，直接将话题作为题目。其实，这是很不明智的做法，是万不得已才采取的下策。因为作为"话题"的词语，覆盖面很广泛，轻易以这个词语作为作文题，无疑是给自己增加了下一步立意、选材、布局方面的难度。正确的做法是：

首先，拟题前认真审读提示语，调动自己的个人阅历、生活积累和对生活的感悟，紧扣话题这个词语，深入思考。

其次，拟写的作文题目要符合话题内容，要尽量具体，角度要小，可以在凝练、含蓄、新奇、优美上下工夫，力求使命题过程成为一个对自己将要写的文章进行立意和选材方面的思索、辨析、筛选和凝聚的过程。

最后，要考虑所拟的题目要能够比较鲜明地透视出文体、立意、选材等尽可能多的信息，这不仅可以从多方面帮助自己的写作，更可以让阅卷教师尽快理解考生的意图，同时给他带来愉悦和感染，使之对作文"一见钟情"。

（2）拟题有方法

拟题的方法可以多种多样，但有一个共同原则，那就是一定要紧扣材料与中心，主要有以下两种方法。

一种方法是给话题前面或后面加上若干个词语，对它进行修饰、限制或补充，把大题变小，恰到好处地拟出适合自己写作的文章题目，比如"掌声"这样一个话题，有考生拟的题目是《珍贵的掌声》《难忘的掌声》《掌声催我上进》等；比如"呼唤"这个话题，有考生拟的题目是《爱的呼唤》《最后的呼唤》《呼唤自由》等。

另一种方法是标题中不出现话题，而是体现在作文内容或中心。如心愿这个话题，有的考生拟的标题是《我想有个家》《中国梦》《团圆》《妈妈，请放开我》等题目，直接体现了主题，更加有吸引人的力量。

（3）拟题讲文采

好的标题往往是既通俗易懂，又简洁流畅，读起来上口，听起来悦耳。讲究标题的文学色彩是达到这个效果的重要方法。可以运用修辞，如《心的沟通爱的诗篇》（话题"沟通"）、《生活中的那扇门》（话题"发现"）、《拥抱大力神》（话题"把握"），生动隽永；可以巧用标点，如《诚信！诚信？》（话题"诚信"）、《风筝的家》（话题"最需要"），饶有情趣；可以化用名句，如《人在异乡不为客》（话题关爱）、《有钱难买幼时贫》（话题财富），耐人寻味。

7. 话题作文行文之前五定位

（1）立意定位

"意"是文章的统帅和灵魂。虽然一篇好文章常常是由多方面的因素决定的，但在实践中，一篇文章的立意，常常是关键之处。所以，通过分析话题的内容和要求，把握话题以后，就需要从与话题有关但角度比较小的范围内，拟定自己要写文章的立意。立意定了，文章就容易写得集中，重点突出，主线明了，就不会旁枝斜出，就不会无所不及，就不会东拉西扯，就不会不知所云。虽然有了一个立意是第一步，更好的是立意要新和深。但只有走出了第一步，才能向更好的发展。

（2）文体定位

话题作文一般都会有一个"文体不限"的要求，对考生来说写作的自由度是增大了，但不管自由度有多大，文体不限并不是不要文体，而是说在考生学过的几种文体中选择一种。一旦选择了一种文体，就必须遵守这种文体的写作规范。否则好似一个人穿着中山装，却系着领带，不伦不类，就会让人笑掉大牙，作文自然得不到高分了。

（3）题目定位

许多考生都会把话题当成题目，这样会有一些不妥。话题一般都是很大的，它只是给了我们一个作文的范围或切入口，如果用话题作为题目，往往会使文章帽子大个子小，头与身子不相称；常常还会抽象笼统，写不深刻，不能深入。所以我们写的每一篇作文都应该是话题的具体化。

在考生已经定位了写作的主题和大致的文体后，接下来要根据主题与作文要求拟一个合适的题目。所谓合适的，是指题目要切合话题，适应文体，扣住作文的中心。因为话题是写作范围，考生写作不能超出这个范围，而作文题目是写作时首先要考虑的。议论文的题目与记叙文的题目区别明显。题目要扣住中心，这是刚学写作文时就提出的要求。当然作文题目应尽量求创新，注意文采，能够借用古诗、成语改写等多种方法使题目精彩独特。因为文章的题目就如人的眼睛，往往给人一种深刻的印象。

（4）开头定位

好的开头是成功的一半。此话不错，对于文章写作来说，更有着十分重要的意义。特别像高考，只有 800 字左右的一篇文章，怎样开头往往就就决定了整篇文章的大致走势,如果按着开头顺势而写,就会自然流畅。而开头的文字也是往往也是阅卷教师看得最认真的地方。所以开头用什么样的文句,文句的表达是否通顺流畅,对文章的成形和展开是十分关键的。因此,必须十分重视开头,在考场没有时间全文打草稿的情况下,最起码开头要打好草稿,然后再抄到试卷上去。

开头方法很多,限于篇幅不能一一作介绍,这里推荐《开头歌》供大家参考:"开头方法有五条,一条一条都有效。开门见山点题式,时间地点有分晓。渲染气氛描写式,写景开头定格调。抒情开头方法好,激发读者感情高。先叙结局悬念式,扣人心弦求根底。设问反问作开头,引人入胜添气氛。"

(5)结尾定位

如果把开头比作"爆竹",那么结尾就是"撞钟"。有人说过:"好的结尾,有如咀嚼干果,品尝香茗,令人回味再三。"因此,结尾也是不容忽视。如果一篇主题鲜明、角度新颖的文章,读到最后,却被一个不妙的结尾扫了兴,岂不可惜。

结尾除要服务于文章的内容和中心外,还得受"开头"的制约,这样说来,结尾就更难写了。现代文学大师师陀创作时就是先把结尾定位,然后再来构想全文,这样的文章就首尾一贯,一气呵成,严谨而有味。结尾的方法很多,这里推荐《结尾歌》以供参考:"结尾也有好方法,每种方法都奇妙。自然结尾收束式,干脆利索废话少。总结结尾点题式,画龙点睛笔法妙。抒情议论做结局,突出中心让人明。结尾利用反问式,引人深思受启迪。"

8.话题写作的注意事项

(1) 把握文体

话题作文往往不限文体，允许考生自由发挥。但是，不限文体并不等于不要文体。话题作文的"文体不限"其实是指不限于一种文体，让学生有选择文体的自由。

当考生选定了一种文体时，就应当按照这种文体的特点来谋篇布局进行写作。有的考生观察能力强，生活积累丰富，不妨将生活中精彩的片断撷取出来写成一篇生动感人的记叙文；有的考生想象丰富，擅长编写故事，不妨写童话、寓言或科幻小说；有的考生逻辑思维能力强，擅长推理，不妨写成一篇理据充分的议论文；有的考生感情细腻丰富，不妨写成一篇优美抒情的散文。

(2) 缩小范围

话题作文只提供写作的话题，而没有中心、材料、结构、文体、语言等的限制，给了考生一个比较开放的构思空间，使考生能最大限度地发挥想象力和创造力。但是，如果不注意把握话题、缩小写作的口子，就会出现"下笔千言，离题万里"的毛病。因此，不管所给的话题多么宽泛，我们都要善于缩小"包围圈"，要选择一个小小的切入口，如一件事、一个人、一样物品、一种感受、一点看法等，集中笔力加以突破，把所选择的话题角度写细写深写透，做到"以小见大"。

(3) 拟好题目

标题是文章的"眼睛"。俗话说："题好文一半。"话题作文允许自己拟题目，因此，考生要努力提高拟题水平，力争使自己拟的题目准确、凝炼、含蓄、新奇，使阅卷教师"一见钟情"。

（4）善于联想

话题作文是一种开放性的作文形式，要求考生放开手脚，尽情地驰骋在想象的空间，善于多方位地展开联想，这样才能生发出丰富多彩的思路来。比如话题"风"，可以联想到自然界的风，如微风、大风、狂风、飓风、龙卷风等；还可以联想到社会风气，如拍马风、送礼风等；可以联想到一种像风一样的流行时尚：金庸热、韩寒热等；甚至可以联想到假如你是风，假如你遇到风，等等。

（5）写出新意

话题作文既然是应试作文，总得给阅卷教师一个好的感觉，得一个好的分数。因此，写出特色、写出新意是十分重要的。考生在写作时，要善于"独辟蹊径"，也就是说在立意上要有独特的感悟，不人云亦云；选材上要有独到的眼光，不陈题旧话；构思上要独具匠心，不千篇一律；语气上要有独到的魅力，不平铺直叙、泛泛而谈。

9. 话题写作的几大误区

（1）错把"话题"当"文题"

近年来，考试作文命题中，话题作文占据很大的比例。话题作文为考生提供了作文的由头，考生可以据此自叙经历，表达各自不同的生活体验，抑或发表各自不同的观点见解等，也可以虚构故事，描述想象和联想。话题作文既没限定文章的选材立意，也没规定文章的表达方式和体裁，从而为学生最大限度地施展写作才能，表现个性和努力创新提供了可能。

（2）"文体不限"就是"不要文体"

近年来，"文体不限"成了一个使用频率较高的作文命题用词。"文体不限"，形式上给了考生更大的写作空间，"海阔凭鱼跃，天高任鸟飞"，但是，文体不限，不等于文体不分；淡化文体，不等于不要文体。

(3) 一味"创新"误入"歧途"

何谓创新，最具有个性的，就是创新。作文试题要求考生写出有一定个性的文章，使作文中"千人一面"的状况有所改观。有的考生"创造"出了一种前所未有的新"文体"，或者写出一篇前所未有的内容奇异的新文章，这只能是误入"歧途"。

(4) 强求"感人"作文失真

文贵真实。真实的情感和内容能引起读者的共鸣。作为话题作文在这方面的要求与一般作文有所区别：题目中一般都有"叙说真实故事"或"写出真情实感"之类的要求。

可以这样说，如果文章离开了生活的基石，没有真实这个品质，再美的笔调也是打动不了读者的，希望考生能够走出误区，写出真正的情感佳作来。

(5) 字数越多越好

作文试题中对于字数的要求一般是不少于 600 字或 800 字。考生只要正常发挥是不难达到这一要求的。对此有不少考生误认为字数越多越好，写出的作文洋洋洒洒近千字或千余字，方格内盛不下，边幅上都写满了。其实，字数过多，会给人一种臃肿庞杂的感觉，也会影响作文的得分。

第二章

话题写作论段

1. 人生

每个人的一生是一场战役，那是一场长期的多灾多难的战役。

我们的生命虽然短暂而且渺小，但是伟大的一切都由人的双手所创造。人生在世，意识到自己的这种崇高的任务，那就是他无上的快乐。

人的一生可能燃烧也可能腐朽，我不能腐朽，我愿意燃烧起来。

人生最美好的，就是在你停止生存时，也还能以你所创造的一切为人民服务。

人生好像一盒火柴，严禁使用是愚蠢的，滥用则是危险的。

人生一征途耳，其长百年，我已走过十之七八。回首前尘，历历在目。崎岖多于平坦，忽深谷，忽洪涛，幸赖桥梁以渡。桥何名欤？曰奋斗。

人生的大悲剧不是人们死亡，而是他们不再爱人。

人生富贵驹过隙，唯有荣名寿金石。

人生最有趣味的事情，就是送旧迎新，因为人类最高的欲求是时时创造新生活。

他们把自己恋爱作为终极目标，有了爱人便什么都不要了，对社会作不了贡献，人生价值最少。

在人生的路上，将血一滴一滴地滴过去，以饲别人。虽自觉渐渐瘦弱，也以为快活。

一个人最伤心的事情无过于良心的死灭，一个社会最伤心的现象无过于正义的沦亡。

人生读来几乎像一首诗。它有自己的韵律和节奏，也有生长和腐坏的内在周期。

人生的道路虽然漫长，但紧要处常常只有几步，特别是当年轻的时候。

2. 生命

人，是生命链索的一环，生命的链索是无穷无尽的，它通过人，从遥远的过去伸向渺茫的未来。

生命像一粒种子，藏在生活的深处，在黑土层和人类胶泥的混合物中，在那里，多少世代都留下他们的残骸。一个伟大的人生，任务就在于把生命从泥土中分离开。这样的生育需要整整一辈子。

生命的用途并不在长短而在我们怎样利用它。许多人活的日子并不多，却活了很长久。

要探索人生的意义，体会生命的价值，就必须去追寻能使自己值得献出生命的某个东西。

生命是一项有形的肉体运动，一种其本身特有的实体活动，这活动既不完整，也不规则；我依循生命本身来对待它，将这作为我的职责。

有些人的生命像沉静的湖，有些像白云飘荡的一望无际的天空，有些像丰腴富饶的平原，有些像断断续续的山峰。

探知生命，不能依靠科学的分析和综合手段，而要依靠直观感知。这是非常主观的东西，是向活着的自己的生命去感知。人的幸与不幸的各种样态，就是生命感知的样态变化。

3. 青春

当青春的光彩渐渐消逝，永不衰老的内在个性却在一个人的脸上和眼睛上更加明显地表露出来，好像是在同一地方住久了的结果。

少年人不会抱怨自己如花似锦的青春，美丽的年华对他们来说是珍贵的，哪怕它带着各式各样的风暴。

少年时期的放浪是晚年的汇票，大约在三十年后，即可加上利息支付。

青春是一个普通的名称，它是幸福美好的，但它也充满着艰苦的磨炼。

小孩儿时候，再加上刚刚进入青春时期的两三年是生活中最充足的、最优美的、最属于我们的部分：它不知不觉地决定整个未来。

青春在人的一生中只有一次，青春时代要比其他任何时代更能接受高尚的和美好的东西。谁能把青春保持到老年，不让自己的心灵冷却、变硬、僵化，谁就是幸福的人。

4. 时间

时间与事业的关系，有点像金钱与商品的关系。做事情费时太多，就意味着买东西付出了高昂的代价。

时间是片刻不停的无穷的运动。若不是这样看的话，时间就是不可思议的了。

时间并不闲着，并非无所事事地悠然而逝：通过我们的感觉，时间在我们心中进行着令人惊奇的工作。

时间像一条大河，把轻飘的、吹涨的东西顺流浮送到我们手里，沉重的、结实的东西全都沉下去了。

时间是变化的财富，但时钟在它的游戏文章里却使它只不过是变化而没有财富。

时间是世人的君王，它是他们的父母，也是他们的坟墓；它所给予世人的，是只凭着自己的意志，而不是按照他们的要求。

即使是在最忙碌的一天当中，时间也是一点点地过去的；不管有多少任务，它们总要——而且只能——排成单行进行。

时间是一种冲淡了的死亡，一帖分成许多份无害的剂量、慢慢地服用的毒药。

时间的令人烦恼之处正是在于它不能不用。结果，人们随兴之所至，乱花滥用，用来干五花八门的荒唐事。

时间好像一条由发生的各种事件构成的河流，而且是一条湍急的河流，因为刚刚看见了一个事物，它就被带走了，而另一个事物又来代替它，而这个也将被带走。

时间老人也有着高超惊人的手艺，喜欢在人身上留下他的杰作。他为人画上一道道皱纹，增添胡须，使孩童长牙，让老人脊骨变弯。

当有人告诉一位智者，某人已获得一大笔财富，智者问道："他也已经获得了花费这些财富的岁月吗？"

时间是人的财富、全部财富，正如时间是国家的财富一样，因为任何财富都是时间与行动化合之后的成果，好比用一个代数公式，包括了形形色色的活动。

时间是最大的暴君，在我们走向衰老的过程中，他要对我们的健康、四肢、才能、力气及相貌全部征税。

真正的敏捷是一件很有价值的事。因为时间是衡量事业的标准，正如金钱是衡量货物的标准一样。

时间像小溪一样畅流不息，小溪不会驻流，时间不会停止。时间会刺破青春的华丽精致，会把平行线刻上人的额角，会吃掉稀世之珍、天生丽质，什么都逃不过它横扫的镰刀。

人拥有的东西没有比光阴更贵重、更有价值的了，所以千万不要把你今天所做的事拖延到明天去做。

5. 惜时

人生一世不就是为了化短暂的事物为永久吗？要做到这一步，就必须懂得如何珍视这短暂和永久。

每分每秒都应该有所作为,如果人们不像重视事业一样重视时间，怎么会做到这一点呢？

时钟不停地响着，用毫不留情的精确性，记下了我们生活里消失得无影无踪的每分每秒。

必须记住我们学习的时间是有限的。时间有限，不只由于人生短促，更由于人事纷繁。我们应该力求把我们所有的时间用去做最有益的事情。

他们认为我疯了，因为我不肯拿我的光阴去换金钱；我认为他们疯了，因为他们以为我的光阴是可以估价的。

你必须工作，而工作的时间一直是短暂的，如果你浪费你的工作时间，你就会感到你犯了不能宽恕的罪恶。

研究工作是一件连续不断的事情，你不能计算早晨和黄昏，一天二十四小时都是你的工作时间。

时间就是生命，无端地空耗别人的时间，其实无异于谋财害命。

节省时间，也就是使一个人的有限的生命，更加有效，也即等于延长了人的生命。

我们必须知道，时间不但必须夺取，而且必须智取。怎样来安排时间，就是一门很大的学问。

别老说时间不够用；首先要从日常生活的琐碎事情上节约时间，挤出时间来！要不工作，就痛快休息，切勿拖拖拉拉在日常烦琐之事上浪费光阴。

当你还不能对自己说今天学到了什么东西时，你就不要去睡觉。

时间是无声的脚步，它不会因为我们有许多事情需要处理而稍停片刻。

时间最不偏私，给任何人都是二十四小时；时间也最偏私，给任何人都不是二十四小时。

6. 个人

一个人有两个我，一个在黑暗里醒着，一个在光明中睡着。

我不很在乎我在别人的心目中是如何，而是更重视我在自己的心目中如何；我要靠自己而富足，不是靠求借于人。

人最重要的是发现自我。因此，你必须常常孤独和沉默地思索。

人们也许了解宇宙，但从来不了解自我。自我比任何星球更遥远。

每个人都用自己的标准和尺度衡量自己，这是合情合理的。

在人生的每一处、每一点，不考虑自己就是得意，忘却自己就是快乐。

7. 儿童

如果对奥秘都不感兴趣，那么，最鲜明、最绚丽的图景也不能使他动心。

有了光明与黑暗的均衡的节奏，有了儿童的生命的节奏，才显出无穷无极、莫测高深的岁月。

人的幻想是没有止境的，儿童的幻想更是无边无际，因为孩子的心灵比成人的心灵更加秘密。

小孩是小的，而他却包含着成年人；头脑是狭小的，而它却隐藏着思想；眼睛只是一个小点，它却能环视辽阔的天地。

从孩子的幼儿期开始就广泛地接触社会，是孩子成长中必不可少的。

在一些人看来，孩子的疑问永远是幼稚可笑的，岂不知，震动人类的伟大风暴，常常就孕育在这些疑问里。

最沉重和可恶的，莫过于我们不是以自己的生命，而是以比自己的生命更重要的孩子们的生命做儿戏。

只有在童年时代人们才生活得幸福，因为孩子们的生活是无忧无虑的。所以，应该注意让人们终生保持儿童的感情和思想状态。

即使在最丑的孩子身上，也有新鲜的东西，无穷的希望。

我们待人接物的态度，大部分取决于我们在童年时代无意识地从周围环境吸取来的见解和感情。

幼儿如幼苗，必须培养得宜，方能发育滋长。

在人世间所能听到的最崇高的赞美歌，就是从孩子的嘴里发出来的人类灵魂的喃喃的话语。

孩子们是热爱生活的，这是他们最初的爱，遏止这种爱是不明智的。

一个受了不良教育的孩子，远远不如没有受过任何教育的孩子聪明。

8. 青年

儿童时期等于春天，青年时期等于夏天，成年时期等于秋天，老年时期等于冬天。

有了金钱可以在这个世界做很多事，唯有青春却无法用钱购买。

青年时期是豁达的时期，应该利用这个时期养成自己豁达的性格。

人的生命有如太阳。青年时期，就像太阳位于东方地平线上，到了老年时期，就像太阳转到了西方地平线上。太阳一旦偏西，就奄奄一息了。

青年是一国之宝，是下一个世代的世界的财富。没有一种力量能战胜这种财宝。

少年像一个快乐的王子，他不问天多高，也不知人间尚有烦恼，一心只想摘下天上的明星，铺一条光辉灿烂的大道。

青年需要有理想、有梦想，这是青年的特权。

不经历感情的青春、战斗的成年和思考的晚年，生活就不会是十全十美的。

年轻时没做过蠢事的人，到了成年后就不会有什么作为。

对于年轻人来说，过分关心自己几乎可以算是一种罪恶，或至少是一种危险。

没有向上心的青年不能叫作青年。"向上"二字就是青年的别名。青年的特点也在此。

青春是人们最美妙的季节，然而它又是何等短暂，当你撕去日历上的一页，便会预感到青春的花朵凋落了一瓣。

9. 人性

在真相肯定永无人知的情况下，一个人的所作所为，能显示他的品格。

人的生性里都有一种一旦公开说了出来，就必然会招到反感的东西。

天性好比种子，它既能长成香花，也可能长成毒草。人应当时时检查，以培养前者而拔除后者。

人性的真正完美体现不在于一个人有多少，而在于他是什么。

在只面对自我的时候，人的真性是最容易显露的。因为那时人最不必掩饰。

人是个既不好也不坏的实体，他首先倾向于先爱自己，然后再爱别人，但人的天生的人性的一面强于非人性的一面。

德性的特点还表现为，很好地实现有价值的东西，爱善，憎恶，不鼓励奖惩，也不热衷于报复，而是仁慈、友善和完善。

与其说是道德，不如说是纯真人性，特别是在某种情境中，它和邪恶势力发生了冲突，它就变成悲剧性格。在这个领域里，道德确实是人性的组成部分。

为人和善有功绩，应当受到敬爱和奖励，就是具有美德的人；反之，如果为人邪恶，就应受到憎恶和惩罚。

不论外表上显得怎样精明世故，人总有其淳朴的人性的一面。

也许人的天性不会不如此，人不能始终具有虚假的思想，也不会始终只具有真实的爱；不能始终温柔，也不能始终残忍。

人一正直，什么都好了。这一条简明的原则便是科学的全部成果，便是幸福生活的全部法典。

由于人类看见自己的同类受苦，天生就有一种同情感，从而使他为自己谋幸福的热情受到限制。

人类的本性在于竭力解释他在其中生活的世界。这正是人类与其他动物的不同之处。

人性的确是这样的，既肯轻信又爱怀疑，说它软弱又很顽固，自己打不定主意，为别人做事倒又很有决断。

期望得到赞许和尊重，它根深蒂固地存在于人的本性中，要是没有这种精神刺激，人类合作就完全不可能。

10. 个性

一个人的个性都有它自己的一套，理智也会被它牵着鼻子走。

一个人的名誉是别人对他的看法，他的个性才是他真正的面目。

如果个性得不到发挥，社会不会进步；如果个性超限度发挥，社会将消亡。

每个人都有他的隐藏的精华，和任何别的精华不同，它使人具有自己的气味。

成熟的个性通过生活中所获得的行为模式，扮演起各种角色来，走到哪里，都能够驰骋自如。

个性的全面发展意味着精神丰富、道德纯洁和体魄完美在个性中的和谐的结合。

人在很多情况下不仅不同于别人，而且在各时期中的自我也是各异的。

人的个性有局限性：只有真理才能使人的个性成为完整的和无限的。

人一生的任务恰恰是既要实现自己的个性，同时又要超越自己的个性。

思想就是力量，个性的力量也是无限的。两者结合在一起，人就能创造出历史。

在个人身上，能够导致绝对满足的就是自我个性的实现，即在实践上发挥别人所不能模仿自己的特点。

作为每个人来讲，只有发挥了自己的个性，才能明确自己存在的理由，才会体会到生活的意义。

世界上的人从外表看来是各色各样的，但是如果把内心稍稍揭开，那种无所依归和心灵不安的情况，则是彼此相通的。

每一个人身上都有一个完整的世界，在每一个人身上这个世界都是自己的，特殊的。

一个人的个性应该像岩石一样坚固，因为所有的东西都建筑在它上面。

个性是比智力更崇高的。思想是一种机能，生活是那机能的执行者。

在事业成功的各因素中，个性的重要性远胜过优秀的智力。

要测量一个人真实的个性，只须观察他认为无人发现时的所作所为。

一个没有任何个性的人，只能做出一般的产品。只有在工作中发挥个性，才能有新的点子，找出新的方向。

凡是个性强的人，都像行星一样，行动的时候，总把个人的气氛带了出来。

个性像白纸，一经污染，便永不能再如以前洁白。

每个人都有义务充分地考虑自己的个性。一个人的个性越是他所特有，则越适合他。

11. 善恶

所谓"善"是指对人有益，所谓"恶"是指对人有害。人的幸福是衡量伦理价值的唯一标准。

善是一种无穷无尽的力量和一切有感觉的存在不可或缺的自爱之心的必然结果。

没有善良——一个人给予另一个人的真正发自肺腑的温暖——就不可能有精神上的美。

美德与罪恶，道德上的善与恶，都是对社会有利或有害的行为。

在这个世界上，最无聊的事是贪婪、纵乐和炫耀，而最有意义的是宽容、柔和和慈悲心。

善良不见得必须胜邪恶，另一种邪恶也可能取胜，甚至更糟……

善与恶的知识不是别的，而是我们所意识到的快乐与痛苦的情感。

只有懦夫才没有恻隐之心，一个心地善良的人，必能待人如己，永不改变。

善良的意图，若不加以节制，就使人做出穷凶极恶的举动。

要是我们看到了丑恶，却不用愤怒的手指把它点出来，那我们离丑恶不远了。

对罪恶的行为，要是姑息纵容，不加惩罚，那就是无声的默许。

"善"常常含有某些"恶"，极端的"善"会变成"恶"，极端的"恶"却不成为"善"。

如无健全的知识，出发点是善意的事，极有可能造成比恶意更大的灾害。

对于心地善良的人来说，付出代价必须得到报酬这种想法本身就是一种侮辱。美德不是装饰品，而是美好心灵的表现形式。

善良的根须和源泉，在于建设，在于创造，在于确立生活和美。善良的品格同美有着不可分割的联系。

12. 良知

良知是内心的审判者，它感觉到每一个动机的产生，它的宝座是人类的感情，它统治着人类行为的王国。

义务和良心——这些道德情操是人区别于动物的最重要之点。

个人意志是不能被强迫的。每个人的良心是紧要行动开头时对是非的最后仲裁者。

良心无非是懦夫们爱用的一个名词，最初造出来就是为了把强者吓得茫然自失；武器就是我们的良心，剑就是我们的法令。

永不沉睡的良心，不断地鞭笞着人们。虽然无声无息，却致伤殊深。

就人性来说，唯一的向导，就是人的良心。就死后的名声而言，唯一的盾牌，就是廉洁的行为和真挚的感情。

人的良心犹如太阳，我们不应使它泯灭，否则，生活本身将失去光彩。

人生好像无际的海洋。人有时候跟一条光杆船一样。良心是这条船的铁锚。

纵使在一个法纪最松弛的国家里，一个有良心的人也不会胡作非为的，他会替自己定出立法者所忘记定的法律。

13. 人格

人是什么，他本身所具有的一些物质是什么，用一个词来说，就是人格。人格所具备的一切特质是人的幸福与快乐最根本和直接的影响因素。

伟大的人格，形成崇高的举止：不为自己活，也不为自己死。

善行为就是一切以人格为目的的行为。人格是一切价值的根本，宇宙间只有人格具有绝对的价值。

莱辛之所以伟大，全凭他的人格的坚定性！那样聪明博学的人到处都是，但是哪里找得出那样的人格呢？

我们生命快乐的最重要的基本因素是我们的人格，如果没有其他原因的话，人格是在任何环境中活动的一个不变因素。

中国的文人，历来重气节。一个画家如果不爱民族、不爱祖国，就是丧失民族气节。画的价值，重在人格。人格——爱国第一。

人格不是凭空想象便能形成的，必须好好地拿着铁锤，用铸模把它铸出来。

所谓表现人格，并不是随从一时的情欲，而是服从最严肃的内在的要求。这与放纵懦弱恰恰相反，是一种艰难困苦的事业。

人格高尚的人被人家说他没有人格，乃是天下最伤心的事。

人格实质上的含义是演员的面具，而且，实际上没有一个人会真正地完全显露自身。

这个躯壳绝不能强迫我心存恐惧，绝不能驱使我去做仁慈之士不值得去做的虚伪勾当；我绝不会为了这个卑贱的身躯而行骗说谎。

在人格市场和商品市场上，估价的原则是一样的：在这一方，出售的是人格；在另一方，出售的是商品。

批评一个人人格的好坏，不但得看这个人已经做过的事，还得看他的目的和冲动。

男子的性格不是人类的完整典型，同样，女子的性格也不是完整的典型。只有男女两性互相补充，才能发展为完整的人格。

所谓人格就是崇高和低贱真正混为一体。人格的高尚就是能够忍耐这一矛盾。

对任何一点侮辱人格的行为，在感情上迅速而鲜明地作出反应，这是女性最重要的特点。

已经失去的东西是拿不回来的，也不必去想念它了，如果一定要为这些无可挽回的事而怨天尤人，那就等于自己打倒自己。我们是整个世界都打不倒的，但自己却能打倒自己。

14. 价值

我们往往在享有一件东西的时候，一点儿也不看看它的好处；等到失掉它以后，却会格外夸张它的价值，发现当它还在我们手里的时候所看不出来的优点。

思想活跃而又怀着务实的目的去进行最现实的任务，就是世界上最有价值的事情。

要探索人生的意义，体会生命的价值，就必须去追寻能使自己值得献出生命的某个东西。

人一生的贡献，所作所为的意义和价值，比人们的预料更多地取决于心灵的生活。

真正有价值的东西不是出自雄心壮志或单纯的责任感，而是出自对人和对客观事物的热爱和专心。

只要活着，就应该做一些有益的事，从中领悟到生命的价值。能够自如地延展精神世界的人，值得我们尊敬。

一个社会，如果不首先考虑每个人的道德价值，就只配受到蔑视和反抗。

假如社会不重视个人的价值，那就等于赋予个人以敌视社会的权利。

当我们到达终点时，再请你们评判我们的努力到底有多大价值。

我们不应该根据一个人的卓越品质来判断他的价值，而应根据他对这些品质的运用来判断他的价值。

衡量一个人是高贵还是低贱，要看他具有什么样的品质，而不看他拥有多少财富。

一个人的真正价值，首先取决于他在什么程度上和在什么意义上从自我解放出来。

一个人对社会的价值首先取决于他的感情、思想和行动对增进人类利益有多大作用。

和其他所有的东西一样，一个人是否举足轻重，在于他自身的价值；也就是说，在于他能发挥多大的作用。

未来价值的果实有待于今日历史价值之播种才能丰硕壮大，而我个人的信念始终是寻求内在的真实。

真正的价值并不在人生的舞台上，而在我们扮演的角色中。

人永远是好奇的，人们的不可接近会使他们变得身价倍增。

任何东西的价值都不是内在固有的；每件事物的价值都是由人们从其外部赋予它的。

一个人的价值，决定于他对生活力量的抵抗。

一个人的价值，也体现在对抗垂死与腐朽的生活模式中，以及建立生动和欢乐的新生活中所具有的才能和力量。

15. 尊严

人的尊严可用一句话来概括，即他的信念。它比金钱、地位、权势，甚至比生命都更有价值。

人的尊严只能实现于自由人之间。

没有任何事物比人的存在更高，没有任何事情比人的存在更具尊严。

生命的尊严正是超越等价物的一切事物的基点。

珍视思想的人，必然珍视自己的尊严。

生命的尊严是普遍的绝对的准则。生命的尊严是没有等价物的，是任何东西都不能代替的。

16. 自尊

自尊心是一种美德，是促使一个人不断向上发展的一种原动力。

无论是别人在跟前或者自己单独的时候，都不要做一点卑劣的事情：最要紧的是自尊。

自私的人将如孤单单的不结果实的果树，日见枯萎；但是自尊自爱，作为一种力求完善的动力，却是一切伟大事业的渊源。

每当人们不尊重我们时，我们总被深深激怒。然而在内心深处，没有一个人十分尊重自己。

一个人应该努力成为自身最好的朋友，从而使自己得到一位卓越的伴侣。

慷慨是超过自己能力的施与，自尊是少于自己需要的接受。

你要是看重自己，那就不管你怎样的无价值，别人也会尊重你。

自尊心是一个人品德的基础。若失去了自尊心，一个人的品德就会瓦解。

自尊需要的满足导致一种自信的感情，使人觉得自己在这个世界上有价值、有力量、有能力、有位置、有用处和必不可少。

人类有许多高尚的品格，但有一种高尚的品格是人生的顶峰，这就是个人的自尊心。

自尊心不是来自傲慢，也不是来自目空一切，而是来自对你，对真理的坚定信念。

如果你不爱自己，你将永远不会去爱他人。一个人不可能完美无缺，但这并不等于说他无足轻重。每个人都有一些别人所不具备的东西。

自尊心是一个人品德的基础。若失去了自尊心，一个人的品德就会瓦解。

17. 自爱

自爱是我们必须珍藏的工具。它好像是人类所需要的永恒的备用品。

自我热爱是一种最微妙的感情，比世界上最敏感的人还要敏感。

自我热爱像是一种使人类永久存在的手段,它珍贵而又必不可少，我们因它而愉悦，同时却又不得不把它隐藏起来。

一个人爱自己至少有这样一种好处——他不会碰上许多竞争者。

自爱用当前的意识来看眼前的利益，而理性则考虑未来和结果。

我们只是依照我们的自爱来感觉自己的善和恶。

自爱比盲目更傲慢，它不是要我们隐瞒自己的短处，而是劝我们逃避他人的指责。

人类天生的独一无二的欲念是自爱，也就是从广义上说的自私。

过分地爱自己事实上是人的一切过错的渊源。

自爱比世上最精明的人还要精明。

我曾常常感到惊异，每个人爱自己胜过爱别人，而对自己意见的估价却低于对别人的意见的估价。

有益于社会的爱是从超越自我满足，认识客观开始的，所以爱首先应当是对自恋这种自爱的克服。

18. 自强

人类的使命在于自强不息地追求完美。

被我们如此崇敬的功勋的基础，是由我们自己奠定的。

有一种胜利和失败——最辉煌的胜利和最悲惨的失败——不是掌握在别人手中，而是操纵在自己手里。

一个人要帮助弱者，应当自己成为强者，而不是和他们一样变成弱者。

不可动摇的自我本位，是自力更生、独立自主的文化的核心。

遇到任何事情都不动摇的人是幸福的。他站在高处，却不依赖别人，只靠自己，因为依赖别人是会摔下来的。

在这个世界上最坚强的人是孤独地只靠自己站着的人。

没有独立精神的人，一定依赖别人，依赖别人的人一定怕人，怕人的人一定阿谀谄媚人。

有智力的人能自己掌握自己，恰如恩威行于自身，而不必仰赖他人的恩威。

你永远不应该相信别人会完全依照你的期望，把事情做得毫厘不差。因此，你也永远不要把实现自己愿望的担子，放在别人肩膀上。

19. 自信

我们要以信心充实自己，就像我们每天以食物充实自己一样。

信心必须与理智联合起来。人类需要理性以求进步，需要信心以求更丰富的人生。

你应该坚持自信，环境愈恶劣，愈要坚持胜利成功的信念。

地位越高，自我评价就越高；自信心有多强，能力就有多强。

自信是一种感觉，有了这种感觉，人们才能怀着坚定的信心和希望，开始伟大而又光荣的事业。

自信，绝不会在遥远的地方，它就在曾经被你忽视的脚下，等待着你们大家去发现，去掌握。

缺乏信心并不是因为出现了困难，而出现困难倒是因为缺乏信心。

如果你认为此事办不成，那么工作起来时本来能办得到的事，结果也就办不成。相反，本来没有指望的事，如果你认为一定能办成，那么事情就能办成。

每一个人都应该有这样的信心：人所能负的责任，我必能负；人所不能负的责任，我亦能负。如此，你才能磨炼自己，求得更高的知识，而进入更高的境界。

缺乏自信常常是性格软弱和事业不能成功的主要原因。

一个人有果决的判断力和坚定的自信心，他的机会之多，远非那犹豫不决、模棱两可的人可比拟。

自信——心中抱着坚定的希望和信念走向伟大荣誉之路的感情。

信心即是相信我们未见的事物，其报酬是让我们看见所相信的事物。

为了有足够的力量把自我投入双方的关系中，人必须有足够的自信，有对于自我的确证。人必须有某种可以给予的东西，而且必须具有给予的能力。

20. 自知

对一个人来说，最重要的是他自己的本性，而不是别的什么，也不是上帝。

一个人怎样去认识自己呢？绝不是通过思考，而是通过实践。尽力去履行你的职责，那你就会立刻知道你的价值。

知道事物应该是什么样，说明你是聪明的人；知道事物实际上是什么样，说明你是有经验的人；知道怎样使事物变得更好，说明你是有才能的人。

如果一个人不过高地估计自己，他就会比他自己所估计的要高得多。

人必须有自知之明，如果这无助于发现真理，它至少也是一项生活准则，没有比这更重要的了。

如果人不知道他自己，如何会知道他的功能和力量？也许，我们对自身并非没有某些真正的认识，但这些认识是偶然的。

那种把自己看成瑰宝，视别人为草芥，毫无自知之明的人，是人类中最恶劣的标本。

即使我们坐在世界最高的宝座上，我们也还不过是我们自己而已。

觉察旁人的错误志向并不难，难在觉察自己的错误志向，这需要很大的神智清醒。

假如你要了解自己，那就观察他人如何行动；假如你要了解他人，那就请窥视自己的心灵。

21. 自制

能主宰自己灵魂的人，将永远被称为征服者的征服者。

自制或忍耐是理性能力的一种完善，乃和情欲持久反抗，以免乎理性能力之沦丧。

一个人一旦打响了征服自我的战斗，他便是值得称道的人。

知道在适当的时候自动管制自己的人就是聪明人。

倘若你想征服全世界，你就得征服自己。

22. 命运

正路并不一定就是一条平平坦坦的直路，难免有些曲折和崎岖险阻，要绕一些弯，甚至难免误入歧途。

机遇之神以无与伦比的技巧向我们表明，与它的恩惠和仁慈相比，任何才华能力都是罔效无用的。

凡人不会因为自己没有成为帝王而痛苦，可是被废黜的帝王却会因为自己成了一个凡人而痛苦万分。

命运有点像女人，假使你太热情地去追求她，她就要远远地避开你。

从最高地位上跌落下来，那变化是可悲的；但命运的转机却能使穷困的人欢笑。

在灰暗的日子中，不要让冷酷的命运窃喜；命运既然来凌辱我们，我们就应该用处之泰然的态度予以报复。

对于不会利用机会的人，时机又有什么用呢？一个不受胎的蛋，是要被时间的浪潮冲刷成废物的。

人们不存侥幸之心，方可为幸运的主宰，而幸运除懦夫外，都是不敢欺凌的。

命运不能妨碍我们的欢乐，让他来胁迫我们吧！我们还是要欢笑度日，只有傻瓜才不是这样。

善于在做一件事的开端识别时机，这是一种极难得的智慧。

如果一个人被判定在海中淹死，可能反而为其生命限定了一个有利的范围，保证他永远也不冒险离开陆地。

悔恨在我们走好运时睡去了，但在逆境中却使我们更强烈地感觉到它。

每一个人的一生中都有能够造成幸福的一小时，如果他能捉住它。

聪明人绝不等待机会，而是攫取机会，运用机会，征服机会，以机会为仆役。

智慧和命运交锋时，如果智慧有敢做敢为的胆识，命运就没有机会动摇它。

许多人对时机都像小孩子们在海滨戏沙一样，他们用自己的小手抓取了满把沙砾，却又让它们一粒粒地漏下去，终至漏尽。

你还能想得出比这样一个人更好的人吗？他不相信有些人拿来当做万物之主的那个命运，他认为我们拥有决定事变的主要力量，他把一些事物归因于必须，一些事物归因于机遇，一些事物归因于我们自己⋯⋯

23. 幸福

幸福永远存在于人类不安的追求中，而不存在于和谐与稳定之中。

世界上的事什么都能够忍受，但惟有一连串幸福的日子，最难以消受。

严肃的人的幸福并不在于风流、淫乐与欢笑这种轻佻的伴侣，而在于坚忍与刚毅。

人类所以要生存在世界上，并非为了要当富翁，而是为了获得幸福。

认为幸福是人生目的的人，往往是比较仁慈的，而提出其他目的的人，不知不觉地常常受残忍和权力的支配。

唯有苦恼，才是人生的真谛。我们最后的喜悦和安慰，不外来自追忆过去的痛苦。

我们在分给他人幸福的同时，也能正比例地增加自己的幸福。

当你追求幸福时，幸福往往逃避你；但当你逃避幸福，幸福却又常常跟随你。

幸福的生活，在大体上必须是宁静的生活。因为，唯有在宁静的气氛中，才能产生真正的欢乐。

幸福的大秘诀是：与其使外界的事物适应自己，不如使自己去适应外界的事物。

所谓幸福的人，就是那些对于自己人生的终结，从一开始就能维系的人。

获得幸福的秘诀，并不在于为了追求快乐而全力以赴，而是在全力以赴之中寻出快乐。

要在我们自己身上找到幸福是不容易的，而要在别的地方找到幸福是不可能的。

德高望重的人，不论处在自由的境遇，或处在奴隶的境遇，常是幸福的。

我学到了寻求幸福的方法：限制自己的欲望，而不是设法满足它们。

人类之所以感到幸福的原因，并不是身体健康，也不是财产富足；幸福的感觉是由于心灵诚实，智慧丰硕。

假如要使某人幸福，最好不要增加那人的持有物，而要减少他欲望的量。

24. 自由

自由远胜财富，凡是害怕受贫而放弃自由的，将永远成为奴隶。

自由是天赐的无价之宝，地下和海底埋藏的一切财富都比不上。自由和体面一样，值得拿性命去拼。不得自由而受奴役是人生最苦的事。

自由是生命发展的属性。因此，忠诚是自由的本质，忠诚与自由的天然目的是生命的和谐的发展。

人人都希望他的内心生活中有一个不容任何人钻进来的角落，正如人人都希望有一个自己独用的房间。

真正自由的人，只想他能够得到的东西，只做他喜欢做的事物。

政府是为了保障权利而设置的。人的权利是自由权，以及平等地使用自然界的权利。

放弃自己的自由，就是放弃自己做人的资格，就是放弃人类的权利，甚至就是放弃自己的义务。

只有在自由的社会中，人才能有所发明，并且创造出文化价值，使现代人生活得更有意义。

如果我们心中没有自由与宁静，如果我们内心深处的自我只是一潭污浊的死水，那么争取身外的自由又有什么意义。

人的自由并不仅仅在于做他愿意做的事，而在于永远不做他不愿意做的事。

我只愿做我愿做的事，让别人也做他们所愿做的事吧；我不愿向任何人要求什么，我不愿妨碍任何人的自由，我自己也愿意自由。

向一个人指出了自由，却仍旧让他处在不自由的状态中，是不行的。

按自己的方式去追求利益，而不是蓄意去侵犯他人利益或阻碍他人获得利益，这才是名副其实的自由。

一个人如果有一种能力，可以按照自己心理的选择和指导，来思想或不思想，来运动或不运动，则他可以说是自由的。

自由不仅在于实现自己的意志,而尤其在于不屈服于别人的意志。自由还在于不使别人的意志屈服于我们的意志。

人类天生都是自由平等和独立的，不得本人同意，不能把任何人置于这种状态之外，使其受制于另一个人的政治权力。

当个人的自由激起邻居的咒骂时，这种自由就该终止。

54

25. 健康

如果你想尽可能保持健康，那么你对健康考虑得越少就越好。

有些人所谓的健康，如果其代价是一年到头对食物担心过虑的话，则比长久拖延的疾病好不了多少。

良好的健康状况和由之而来的愉快的情绪，是幸福的最好资金。

健康是智慧的条件，快乐的标志，也即开朗和高尚的天性。

一个国家最宝贵的财产，并不是它储备的大量黄金或外汇，更不是它的地下资源或工业能力，而是人民的健康。

一直力图维护身体之健康的弊端在于，这样做就很难不损害心智的健康。

保持身体健康是一种职责，但是只有极少数人意识到这一点。

消化为健康而存在，健康为生命而存在，生命为对音乐和美好事物之爱而存在。

健康为最好的天赋，知足为最大的财富，信任为最佳的品德。

我宁肯生就一副强壮的脊背，去承受沉重的负担，也不愿生一副羸弱的肩膀去负载生活的行囊。

凡具有一个足以适应多数事物的身体的人，大部分都具有一个永恒的心灵。

健康是我们人类得以享受的第二快乐——一种金钱买不到的快乐。

专心于健康的事越少，变为不健康的倾向的危险就越大。

26.机遇

机遇之神以无与伦比的技巧向我们表明，与它的恩惠和仁慈相比，任何才华能力都是罔效无用的

机会无所不在。要随时撒下钓钩，鱼儿常在你最意料不到的地方游动。

机遇像一块粗糙的石头，只有在雕刻家手中才能获得新生，除此比喻，机遇又能是什么呢？上天给了我们机遇，而我们则必须按自己的设计塑造它。

"机遇"是个毫无意义的词；任何事物都不可能无缘无故地存在的。

由于过分审慎，人们对于时机就会重视不够，就会错失良机。

生活中最重要的事情是懂得何时抓住机会，其次便是懂得何时放弃利益。

永恒的东西每个人都会碰到，有限的东西只有某些人才能碰到。

如果有人错过机会，多半不是机会没有到来，而是因为等待机会都没有看见机会到来，而且机会过来时，没有一伸手就抓住它。

一个人不论干什么事，失掉恰当的时节、有利的时机就会前功尽弃。

当良机出现在我们面前时，我们要及时抓住它们，利用它们，这是生活的一大艺术。

27. 金钱

有了钱，在这个世界上可以做很多事，但无法用来赎买青春。

金钱能使人成为奴隶，一个人拥有金钱，有时就像娶了一个没有爱情的妻子，富有而没有幸福。

金钱真正是人间一切下流行为的渊薮。有了钱，那些最黑暗的勾当的沉渣往往都会在国家生活的表面泛起，并支配整个国家的命运。

金钱这东西，只要能够解决本人的生活就行了，若是多了它会成为遏制人才能的祸害。

贪婪的人！他在世界各地奔走。他在追逐金钱，死亡却跟在他背后。

57

金钱就像人的第六感觉——没有它，你就不能利用另外五种感觉。

如果金钱不是你的仆人，它便将成为你的主人。一个贪婪的人，与其说他拥有财富，不如说财富拥有他。

好些有钱人的心目中压根儿没有良心这件东西，在他们看来，有良心反而不近人情。

认为金钱万能的人，十分可能被人疑为他本人做一切事都是为了金钱。

我们有钱的时候，用几个钱不算什么；直到没有钱，一个钱都有它的意味。

赚钱并不是无用的事，但如果用不义的手段赚钱，则是最大的恶事。

对于浪费的人，金钱固然是圆的；可是，对于节俭的人，金钱是扁平的，是可以一块块地堆积起来的。

钱，钱，钱！你是怎样地被盲目地崇拜，你是怎样被愚蠢地滥用。有钱人会向邪恶的魔鬼晃动自己的脑袋。

金钱帮助了世界市场的形成，因为金银在自己的货币概念中已经预示着世界市场的存在。

金钱就像肥料。你若把它撒在四周，它就大大有用。可是你若把它堆积一处，那就奇臭难闻。

28. 财富

财富是了不起的，因为它意味着力量，意味着闲暇，意味着自由。

一味地追求财富或荣誉，差不多老是要使人变得不幸，这是无需深长的经验便可发觉的。为什么？因为这一类的生活，使人依赖身外之物。过分重视财富的人最易受到伤害。

财富在一切时候对一切人都有价值，因为它总能买来欢笑。

一国的繁荣和实力，是依靠它再生产的财富，而不在于它保有的货币的多少。

财富并不是品质高尚的明证；贫穷也不是缺乏道德的明证。

如果我们能支配我们的财富，我们就会富裕而自由；如果我们的财富支配了我们，我们就会真正贫穷。

如果我们能够支配财富，我们将衣食丰盈，自由自在；如果我们被财富所支配，我们将真的穷到骨子里。

一切对财富的过于仔细的关心都散发着贪婪的气味，甚至以一种过于有意的不自然的慷慨去处理钱财，也是不值得去费心指挥和关心的。

遗传的财富若为具备高度心智力的人所获，这笔财富才能发挥最大的价值。

财富的价值取决于财主的思想。对于懂得如何支配它们的人，财富是福祉；而对于拙于利用它们的人，财富又成了祸根。

财产权是一切公民权当中最神圣的权利，并且是在某些方面比自由本身更为重要的东西。

过多的财富是无用的。因为一个人的需要是有限的，除了这种需要的钱财，便是多余之物。

财产把人变成了奴隶。人的全部精力和体力都是在聚敛财富中消耗的，甚至在弥留之际还担心死后财产的处置。我们人类是为财而生，为财而死的。

富贵和豪华都不会使人满足！对于有钱的人来说，在生活中要做出有意义的事情，的确更为困难。

财富应当用正当的手段去谋求，应当慎重地使用，应当慷慨地用以济世，而到临死应当无留恋地与之分手。

巨大的财富具有充分的诱惑力，足以稳稳当当地起致命的作用，把那些道德基础并不牢固的人引入歧途。

财富本身就是危险。那会招引虚伪的朋友来到你的身旁，贫穷就可能使虚伪的朋友离开，使你安静下来。

29. 幸运

世间有一种令人不相信的幸运，它的到来，有如晴天霹雳，足以炸毁一切。

幸运可能会使人产生勇气，反过来勇气也会帮助你得到好运。

幸运的人们很少纠正自己，当运气使他们的错误也带来成功时，他们总是相信自己行为合理。

有的时候，一个人的愚蠢恰是另一个人的幸运，一方的错误恰好促成了另一方的机会。

幸运会抬高小人，给他们伟大和高贵的样子，好像他们从高处俯瞰世界；但是真正高贵和坚定的人提高着自己，在面临灾难和不幸时更加杰出。

当幸运出现时，就要在前头用确信的手抓住它，因为在幸运背后是光秃秃的一片。

没有任何东西比在幸运时的人更难驾驭，也没有任何东西比命运造成的谦恭、自卑的人更加驯服。

因运气而飞黄腾达的人，却也同样可能被命运弄得一败涂地。

要知道，人不存侥幸之心，方可为幸运的主宰；而幸运除懦夫外都是不敢欺凌的。

仅以毫厘之差而失去的幸运似乎是命运对于人的侮辱。

一个人作为一个有名望的家庭的一员是一桩幸运！同样，一个人血统里有一种鼓舞他向上的动力，也是一桩幸运。

如果你太幸运，你就会不认识自己。如果你太不走运，那就谁也不会认识你。

30. 快乐

寻求快乐——是一种自发的、普遍的、不可抵抗的趋势，它渗透于从最高级到最低级的一切生命之中。

充满着欢乐与战斗精神的人们，永远带着快乐，欢迎雷霆与阳光……

快乐既然是人类和兽类所共同追求的东西，所以从某种意义上说，它就是最高的善。

有位数学家说过，快乐是在寻找真理，而不是在发现真理。

人们对于所爱的东西失而复得，比保持不失感到更大的快乐。

人生要有意义只有发扬生命，快乐就是发扬生命的最好方法。

如果一个人前面没有任何的快乐，那他就不会生存在世界上。人的生活的真正刺激是明天的快乐。

快乐没有本来就是坏的，但是有些快乐的产生者却带来了大许多倍的烦忧。

保持快乐，你就会干得好，就会更成功，更健康，对别人也就更仁慈。

快乐不在于外，而在于心灵，既可以在任何地方获得，也可能在任何地方得不到。

人的才能就在于使生活快乐，在于用灿烂的色彩，使他生活的阴暗环境明亮起来。

人类最快乐的思想之一就是想到有人需要自己，想到他很重要，很有能力，能帮助别人得到更多的快乐。

所有快乐中，最伟大的快乐存在于对真理的沉思之中。

知识和学习的快乐和欣喜在本质上远远胜过其他所有的快乐。

快乐来来去去，如同旋转着的灯塔灯光，光耀地闪烁刹那，然后就灭去。它若一直发光，你便无法察觉。

对有血有肉的人来说，眼前的快乐比模糊不清的未来美景更具有吸引力。

快乐的生活很大程度上是宁静的生活，因为真正的欢乐只有在宁静的气氛中才敢驻足。

不应该追求一切种类的快乐，应该只追求高尚的快乐。

静默是表示快乐的最好的办法；要是我能够说出我心里多么快乐，那么我的快乐只是有限度的。

快乐是从艰苦中得来的。只有经过劳作、经过奋斗得来的快乐，才是真快乐。

悲伤可以自行料理；然而欢乐的滋味如果要充分体会，你就必须有人分享才行。

要想从别人那里得到快乐，其乐倍增；独享快乐只能使人意志消沉。

31. 厄运

一个人倒霉至少有这么一点好处，可以认清谁是真正的朋友。

没有谁比从未遇到过不幸的人更加不幸，因为他从未有机会检验自己的能力。

不幸时满怀希望，顺利时小心谨慎，这是一个人在祸福问题上应取的态度。

对于最不幸的事情来说，时间是最伟大的医生，他会医治人们的创伤。

困厄无疑是个很好的老师；然而这个老师索取的学费很高，学生从他那里所得到的时常还抵不上所缴的学费。

一个人应该匆匆掠过不幸的日子，逗留于美好时光。

最早出现、最为人所熟悉的不幸比新的、尚未为人所经历过的不幸要好忍受得多。

幸运所需要的美德是节制，而厄运所需要的美德是坚忍，后者比前者更为难能可贵。

32. 困难

当困难来访时，有些人跟着一飞冲天，也有些人因之倒地不起。

处理困难的事，如同整理乱丝团，愈是急愈找不着头绪。只要耐着烦忍住性，必能不被困难战胜，而且能战胜困难。

在困苦的死寂之中，有时候暴风雨将来临的呼啸，却预示着黑暗的征象快要结束。

困难是欺软怕硬的。你愈畏惧它，它愈威吓你。你愈不将它放在眼里，它愈对你表示恭顺。

有困难是坏事也是好事，困难会逼着人想办法，困难环境能锻炼出人才来。

困难和折磨对于人来说，是一把打向材料的锤，打掉的应是脆弱的铁屑，锻成的将是锋利的钢刀。

困难，是动摇者和懦夫掉队回头的便桥；但也是勇敢者前进的脚踏石。

苦难对于天才是一块垫脚石，对于能干的人是一笔财富，对于弱者是一个万丈深渊。

困难是面镜子，高悬在科学的险峰口，它不但照出勇士不倦思索、大胆探索、奋勇攀登的英姿，而且也现出懦夫望而生畏、垂头丧气、掉首退却的身影。

逆境要么使人变得更加伟大，要么使他变得非常渺小。困难从来不会让人保持原样的。

33. 不幸

"不幸"的另一原因是，在危险未曾临到时先自害怕，先自想象危险的景况。

人说不幸能使人品德更加高尚，恐怕只是对品德高尚者而言。

施惠于忘恩负义者不算大不幸，受恩于不正派的人才是一种难以忍受的不幸。

一个无人使他喜爱的人比一个无人喜爱他的人要更为不幸。

整个不幸可以接受,但是零打碎敲,就太难堪了。整体的灾祸到来,不过是被压倒罢了,细节的宰割,却是一种残酷的刑罚。

一个尽管只有一宗有限的财产，但是很勇敢的人，是幸福的；一个尽管很富有，但是很怯懦的人，则很不幸。

当不幸来到的时候，是我们的勇气忍受希望的废墟而不悲悼，是勇气使我们的思想远离着徒然的惋惜。

一个人应当一直意识到，他所得到的比他想要的多了多少，他可能出现的状况比现有的情况会更不幸多少。

有些人老想着自己的不幸，当他们把自己的不幸讲给别人听，引出别人的眼泪时，他们也会在这一行动中得到小小的安慰。

感受着自己的不幸，并且意识到是你自己而不是别人造成这种不幸，这是一件痛苦的事。

不要去注意别人心里在想什么，一个人就很少会被看成是不幸福的，而那些注意他们自己内心的活动的人却必然是不幸的。

不幸，是天才的进身之阶，信德的洗礼之水，能人的无价之宝，弱者的无底之渊。

当一个人镇定地忍受着一个又一个重大不幸时，他灵魂的美就闪耀出来。这并不是因为他对此没有感觉，而是因为他是一个具有高尚和英雄性格的人。

也许我还要碰到更不幸的命运；当我们能够说"这是最不幸的事"的时候，那还不是最不幸的。

性情迟钝淡漠的人遇到了不幸是毫无感觉的，性情浅薄的人遇到了不幸，他的感情仅只是演说式的做作。

倘能时时忧虑着最大的不幸，那么在较小的不幸来临的时候往往可以安之若素。

不要为突如其来的不幸而苦恼。因为不是与生俱来的东西，留也留不住。

34. 痛苦

人和人之间，最痛心的事莫过于在你认为理应获得善意和友谊的地方，却遭受了烦扰和损害。

真正的痛苦会自然而然地流露出来，即使一个努力掩藏痛苦绝不扰及旁人的人也是如此。

有了精神上的痛苦，肉体的痛苦变得不足道了；但因为精神的痛苦是肉眼看不见的，反倒不容易得到人家同情。

无论多么强烈的痛苦，对于任何一个能够看出这痛苦给人带来非同一般的裨益的人，都会丧失效力。

只有在他感到欢喜或苦痛的时候，人才认识到自己；人也只有通过欢喜和苦痛，才学会什么应追求和什么应避免。

在所有这些痛苦之中，没有一个痛苦能怪罪天意，没有一个痛苦不是出于人对自己才能的滥用者多，出于大自然本身者少。

在极度悲痛中丧失理智是危险的：它使人失去勇气，甚至失去重新振作的希冀。

人免不了要遭受不幸和痛苦，痛苦对人也有它的用处。这就像若没有大气的压力我们的身体就要爆裂一样，人若没有艰难和不幸，一切的需要都能满足，我们又会变成什么样子呢？

既使我们幸运地远离了痛苦，我们便靠近厌倦；若远离了厌倦，我们便又会靠近痛苦。

使人们对受苦真正感到愤怒的，不是受苦本身，而是在于没有意义地受苦。

人要是惧怕痛苦，惧怕种种疾病，惧怕不测的事件，惧怕生命的危险和死亡，他就会什么也不能忍受的……

在痛苦里总包含着精神的因素，因此精神境界越高，越有组织性，就越容易减除痛苦。

在任何情况下，遭受的痛苦越深，随之而来的喜悦也就越大。

35. 生活

生活的美妙就在于它的丰富多彩，要使生活变得有趣，就要不断地充实它。

认识了生活的全部意义的人，才不会随便死去，哪怕只有一点儿机会，就不能放弃生活。

人类的生活，必须时时刻刻拿最大的努力，向最高的理想扩张传衍，流转无穷，把那陈旧的组织、腐滞的机器一一地扫荡摧清，别开一种新局面。

生活从不简单容易，即使你活在愉悦顺遂的境遇中，你也会遇到你要克服的困难。

生活的意义在于美好，在于向往目标的力量。应当使生活的每一个瞬间都具有崇高的目的。

生活就是主人要权力和奴隶要摆脱权力的压迫而进行的斗争。

我们的第一个哲学教师是我们的两条腿、一双手和一对眼睛。

只要世界上还有一个不幸的人，你的生活就不能安宁和幸福，生活的目的就是全人类的幸福。

态度是你与人见面时最先给人的一个印象，它的重要性不可言喻。

动物认为它的整个工作就是生存，而人只有在得到工作的机会时，他才认为生活是有意义的。

生活就像海洋，只有意志坚强的人，才能到达彼岸。

我的生活就像钟表的机器那样有规则，当我的生命告终时，我就会停在一处不动了。

毫无理性，毫无道理地沉溺于享乐的人，他的生活毫无意义。

过于装饰固然不宜，完全不装饰也会影响生活情趣；做一个能获得丈夫欢心的妻子，她是知道应该怎样装饰一下的。

人的举止应该像他们的衣服，不要太窄或设计太特异，但必须不拘束不妨碍行动。

如果我们每天的生活就是平平常常、毫无变化，那么生活多年与生活一天是一样的。完全的一致就会使得最长的生命也显得短促。

有知觉而没有明确的世界观，这简直不是生活，而是负担，是可怕的事。

不要追求炫耀的财富，仅寻求你可以用正当手段得来，庄重地使用，愉快地施与，安然地遗留的那种财富。

生活有时候就是这样变幻莫测，一会儿是满天云雾，一转眼间又现出鲜明的太阳。

人的生活像广阔的海洋一样深，在它未经测量的深度中保存着无数的奇迹。

要生活过得好，一个人年轻时应有老年人的经验，老年时应有年轻人的活动。

灰色的理想到处皆有。我的朋友，只有生活的绿树四季常青，郁郁葱葱。

人应起码每天听首小歌，读首好诗，看幅好画，如有可能，说几句合情合理的话。

世界是一本书，从不旅行的人等于只看了这本书的一页而已。

合理生活的目的就在于：懂得什么是正义的东西，感受什么是奇妙的东西，渴求什么是美好的东西。

旅行有好多益处：新鲜满怀，见闻大开，观赏新都市的欢悦，与陌生朋友的相遇，更能学到各种高雅的举止。

生活本身既不是祸，也不是福，它是祸福的容器，也看人自己把它变成什么。

生活不是苦难，也不是享乐，而是我们应当为之奋斗并坚持到底的事业。

最先朝气蓬勃地投入新生活的人，他们的命运是令人羡慕的。

歌声就是生活，没有歌声就没有生活，犹如地球上没有阳光一样。

如果我们生活的全部目的仅在于我们个人的幸福，而我们个人的幸福又仅仅在于爱情，那么生活就会变成一片遍布荒冢枯冢和破碎心灵的真正阴暗的荒原，变成一座可怕的地狱。

人最宝贵的东西是什么？是生活，因为我们的一切欢乐，我们的一切幸福，我们的一切希望都和生活联系在一起。

人人都在生活，但只有少数人熟悉生活，只要你能抓住它，它就会饶有趣味！

谁能以深刻的内容充实每个瞬间，谁就是在无限地延长自己的生命。

如果我们不能创造幸福的生活，我们就没有任何权利享受幸福，这正如没有创造财富无权享受财富一样。

我以为人们在每一时期都可以过有趣而且有用的生活。我们应该不虚度一生，应该能够说"我已经做了我能做的事"，人们只能要求我们如此，而且只有这样我们才能有一点快乐。

36. 饮食

如果一个人没有吃好，他就不可能思考得好，不可能爱得好，也不可能睡得好。

在饮食的重要部分上不可骤然变更，如果不得已而变更的话，则别的部分也需要变更，以便配合得宜。

没有什么事情会比吃喝更乏味了——如果上帝没有让它们同时成为享受和必需。

当一个人的肚子填饱了，他究竟是富人还是穷人就没有什么区别了。

人应当善于鉴别哪些物品食用有益，哪些物品食用有害。这种智慧，是一味最好的保健药。

一个人如果喜欢山珍海味，而不喜欢有益健康的食品，他便是个傻子。

粗茶淡饭同美酒佳肴一样，也能给人以快乐，如果饥饿时能吃块面包喝口水，那也是乐不可支的。

为了能够保持良好的健康，养料不仅分量要有节制，而且质料也要清淡。

令人惊奇的是，一顿佳肴或盛宴竟能使桌边的所有的人都成为好朋友。

我宁愿选择一盘对我身体有利又经过精制的食物，而不要一堆味道好，但毫无营养价值的食品。

我讨厌一个人狼吞虎咽，仿佛他不知道自己在吃什么。我怀疑他在更高级事情上的鉴赏趣味。

37. 穿着

我们的穿着必须给人一种整洁的印象，服饰不必过分考究，只要不邋遢就行。

衣服和风度并不能造就一个人；但对一个已经造就的人，它们可以大大增进他的仪表。

你们不见美貌的青年穿戴过分反而折损了他们的美么？你不见山村妇女，穿着朴实无华的衣服反比盛装的妇女要美得多么？

那些偶像穿戴和装饰得看起来很华丽，但是，可惜！他们是没有心的。

流行是一种无法忍受的丑陋。所以，我们每半年都要更换一次流行。

外观往往和事物的本身完全不符，世人却容易为表面的装饰所欺骗。

尽你的财力购置贵重的衣服，可是不要炫新立异，必须富丽而不浮艳，因为服装往往可以表现人格。

女子时装业总想让女性的体形去迎合为不现实的理想典型所设计的服装，而男子时装业则是依照男性的自然体型来设计的。

首先，你要了解自己，然后，根据你的情况精心地打扮自己。

对于一个明智和懂事的人而言，衣着的第一要求，应永远是得体和整洁。

舒适自然的打扮，其实才是对个人生命最大的认识和尊敬。

年轻人应该装束得华丽潇洒一些，表示他的健康活泼，正像老年人应该装束得朴素大方一些，表示他的矜严庄重一样。

凡把穿着打扮视为生活中的首要内容的人，他们的价值还比不上他们的衣服。

装饰的华丽可以显示出一个人的富有，优雅可以显示出一个人的趣味；但一个人的健康与茁壮则须由另外的标志来识别。

时髦是摆脱了粗俗之后的优雅，因而，它最怕被新的时髦所代替。

一个人可以用装饰品来使他出一出风头，但要获得别人的喜爱，还要依赖他的人品。

38. 烟酒

靠烟草和希望过日子，完全是一码事——可谓殊途同归——前者只是青烟一缕，后者只是梦幻一场。

酒并不颠倒人生，它只是撤去理性的岗哨，从而迫使我们显出种种丑态。

吸烟一无益处，只能使人窒息，给人带来烟雾和灰烬。

我们为身体的健康举杯，可受害者偏偏是我们自己的身体。

吸烟是一种对目、鼻、脑、肺均有危害的习惯。

酒价低廉的民族是清醒的民族；酒价昂贵得竟以烈酒代替普通饮料的民族是昏醉的民族。

吸烟乃酗酒之难弟，万恶之根源。

39. 休息

弓弦不能老绷紧了不放，人是个软弱的东西，没一点适当的松散，是支持不住的。

人在有闲的时候才最像是一个人。手脚相当闲，头脑才能相当地忙起来。

最适合享受人生的理想人物，就是一个热诚的、悠闲的、无恐惧的人。

若要消遣得有效，就必须能在与工作不相关的事物中寻得快乐与兴趣。

舒服的睡眠才是自然给人的温柔的令人怀念的看护。

享受悠闲的生活绝不需要金钱。有钱的阶级不会真正领略悠闲生活的乐趣。

真正的闲暇并不是说什么也不做，而是能够自由地做自己感兴趣的事情。

睡眠是一种灵丹妙药。它不仅能恢复人的体力，而且在一定程度上也能恢复人的心灵，使它返璞归真。

40. 娱乐

我们的心智需要松弛，倘若不进行一些娱乐活动，精神就会垮掉。

在工作与游乐之间，存在着一种和谐，两者巧妙地结合起来，生活的艺术就在其中了。

一个文明开化的民族，在其良好的工作技艺中，势必辅以完善的娱乐艺术。

生活既与娱乐相区别，又与娱乐是同一的。娱乐必须成为生活，生活必须成为娱乐。

消遣就是娱乐，无可消遣当然就是苦闷。世间喜欢消遣的人，无论他们的嗜好如何不同，都有一个共同点，就是他们一定都有着强大而旺盛的生命力。

没有消遣就绝不会有欢乐，有了消遣就绝不会有悲哀。

我十分赞赏公共娱乐，因为娱乐可以防止人们去干不正经的事。

有目的的娱乐，不能成为真正的娱乐，娱乐没有目的，可对生活来说是符合目的的。

娱乐活动是为学习做好准备，又是学习后恢复疲劳的良药。

一切没有后患的欢乐不仅有补于人生的终极——幸福，也可以借以为日常的憩息。

41. 爱好

人人都应有一种深厚的兴趣或嗜好，以丰富心灵，为生活添加滋味，同时也许可以借着它对自己的国家有所贡献。

最好把一个人的爱好和职业尽可能远地分开。把一个人的生计所在和上帝所赐的秉赋硬凑在一起，那是不明智的。

一个明智地追求快乐的人，除培养生活赖以支撑的主要兴趣外，总得设法培养其他许多闲情逸趣。

兴趣意味着自我活动。兴趣须是多方面的，因此要求多方面的活动。

为了得到真正的快乐，避免烦恼和脑力的过度紧张，我们都应该有一些嗜好。

兴趣最狭窄的人懂得最少，然而什么都感兴趣的人则什么都不懂。

嗜好和一时的爱好不是基本的快乐之源，而是逃避现实的一种手段，是把不堪正视的痛苦暂时忘记的一条途径。

任何一个人，只要他的心和他的爱好遭到了破坏，他如花似锦的年华就会像春梦似地消磨过去。

42. 旅行

世界像一本书，一个人只见过自己的家，等于只读了这本书的第一页。

一个人在旅游时必须带上知识，如果他想带回知识的话。

旅行在我看来是一种颇为有益的锻炼，是心灵在旅行中不断地进行观察新的未知事物的活动。

旅游的作用就是用现实来约束想象：不是去想事情会是怎样的，而是去看它们实际上是怎样的。

一个真正的旅行家必是一个流浪者，经历着流浪者的快乐、诱惑和探险意念。旅行必须是流浪式的，否则便不成其为旅行。

对青年人来说，旅行是教育的一部分；对老年人来说，旅行是阅历的一部分。

一个人抱着什么目的去游历，他在游历中，就只知道获取同他的目的有关的知识。

谁要想出国远游，谁就得先把祖国的山山水水装在心里。

旅行使人变得谦虚。因为，它使你领悟，人在世界上所占的地位是多么的渺小。

通过旅行，我们可以确信，各民族之间有国界，而人的愚蠢行为是没有国界的。

人们到外边欣赏高山、大海、汹涌的河流和广阔的重洋，以及日月星辰的运行。

在令人厌倦的旅途上，一个性格明快的伙伴胜过一乘轿子。

旅游是知识之路，让大家都来参加旅游，周游世界，敞开自己的广阔胸怀，世界将成为人类更美好的乐园。

旅行可以获得目的国的丰富知识，同时也可以获得对自己国家的新认识，旅行会带来两重收获。

43. 收藏

收藏出于人类的天性，凡孩童都喜集许多小玩具，摆设在几凳间，这便是收藏东西的萌芽。

收藏，是人类的一种杰出的生存智慧，也是为后世留下文明足迹的大功德、大恩惠。

44. 阅读

少年读书如隙中窥月，中年读书如庭中望月，老年读书如台上玩月，皆以阅历之浅深为所得之浅深耳。

倘要完全的书，天下可读的书怕要绝无，倘要完全的人，天下配活着的人也就有限。

读书，这个我们习以为常的平凡过程，实际上是人们心灵和上下古今一切民族的伟大智慧相结合的过程。

如果你想从阅读中获得值得你永远铭记在心的知识，你就应该花更多的时间去研读那些无疑是富有天才的作家的作品，不断从他们那里取得养料。

阅读使人充实，会谈使人敏捷，写作与笔记使人精确，史鉴使人明智，诗歌使人巧慧，数学使人精细，博物使人深沉，伦理之学使人庄重，逻辑与修辞使人善辩。

课外阅读，用形象的话来说，既是思考的大船借以航行的帆，也是鼓帆前进的风，没有阅读，就既没有帆，也没有风，阅读就是独立地在知识的海洋里航行。

45. 运动

运动太多和太少，同样的损伤体力；饮食过多与过少，同样的损伤健康；唯有适度可以产生、增进、保持体力和健康。

日复一日地坚持练下去吧，只有活动适量才能保持训练的热情和提高运动的技能。

运动的作用可以代替药物，但任何药物都不能代替运动。

体育锻炼必须慎重地进行。并不是所有人都适合做同样的运动。

当有病时，就要努力恢复健康，当健康时，则应当经常从事锻炼。

46. 锻炼

要从小把自己锻炼得身强力壮，能吃苦耐劳，不要娇滴滴的，到大自然里去远走高攀吧。

不幸的遭遇可以增长人的见解，改善人的心地，锻炼人的体质，使一个青年能够担当起生活的责任，同时知道怎样享受人生，这是在富裕的环境中所受的教育万万不能达到的。

一个人如果不断地锻炼自己的身体，他就会变得健康、坚韧和敏捷，同样的，也应该这样来锻炼自己的理智和意志。

常年坚持锻炼能使人自如地发扬行善的美德。

47. 医疗

对于一个病人来说，仁爱、温和、兄弟般的同情，有时甚至比药物更为重要。

生病和治病可不是一回事，人人都会生病，但只有懂医道的人才会治病。

对疾病最有效的预防是道德上的预防——节制。

享受快乐必须以能保持健康为限；对于金钱或其他物品的获得，必须以维持生命与健康为限度。

尽管世界上有无数的医生，但真正的医生只有一个，那就是大自然。

无病时不要滥用药物，否则疾病降临，药就可能不生效了。

医生有时能挡开死神的战刀，但对时光的流逝，他们是无能为力的。

48. 养生

一个人只要有他纯洁的心灵，无愁无恨，他的青春时期定可因此而延长。

长寿不是人生惟一的目的，健康也不是目的。但是，从人在这个世界上应该完成自己的使命来看，又离不开健康、长寿。

长寿几乎是每个人的心愿，但生活得称心如意，却是少数人的雄心。

经常保持心胸坦然，精神愉快，这是延年益寿的秘诀之一。

49. 真理

我们不属于暴力的队伍而属于思想的队伍，我们要征服真理。

时间是真理最亲密的朋友，偏见是真理最大的敌人，谦逊是真理恒久的同伴。

真理就是具有这样的力量，你越是想要攻击它，你的攻击就越加充实和证明了它。

真理的大海，让未发现的一切事物躺卧在我的眼前，任我去探寻。

一个人要发现卓有成就的真理，需要千百个人在失败的探索和悲惨的错误中毁掉自己的生命。

所有的错误在一些真理附近升起；它们围绕着真理，而且大部分的错误是由接触真理而获得力量的。

找到谬误要比找到真理容易得多。谬误浮在表面，一下子就可以找到它；真理藏在深处，不是每个人都能找到的。

正如光既暴露了自身，又暴露了周围的黑暗一样，真理既是自身的标准，又是虚假的标准。

在我们走向真理的征途中，摧毁了无数个旧的信念，我们还是应该继续往前行进。

历史告诫我们，一种崭新的真理惯常的命运是：始于异端，终于迷信。

每个人都希望有真理在他那一边，但却并不是每个人都诚恳地愿意站在真理那一方。

一切真理前人都已说过，但是如果每一次都从心底里说出，它就是新鲜的。

使人们宁愿相信谬误，而不愿热爱真理的原因，不仅由于探索真理是艰苦的，而且是由于谬误更能迎合人类某些恶劣的天性。

我们只愿在真理的圣坛之前低头，不愿在一切物质权威之前拜倒。

最好是把真理比做燧石——它受到的敲打越厉害，发射出的光辉就越灿烂。

我们生来是探寻真理的，去掌握真理得归属于一种更强大的力量。

探求真理——向它求爱；认识真理——与它同在；信仰真理——为它而乐；毕竟是人性中最崇高的美德。

对真理的热爱就体现在：知道怎样去发现和珍惜每一事物的好处。

人的生命是宝贵的，但真理更宝贵，生命牺牲，而真理昭然于天下，这死是值得的。

我欢呼和拥抱真理，不管它在什么地方出现；而且，只要我能发现它，我就心甘情愿地向真理投降。

追随真理，这就是我的一切，我只感到雄伟壮丽而崇高的目标在向我召唤。

50. 谬误

谬论不断地在行动中重复，而我们在口头上不倦地重复的却是真理。

谬误中也许含有一定的真理，但相比之下，谬误比真理要危险得多。

在谬误和真理的战争中，谬误赢得第一场战役，而真理则在最后一场战役中取胜。

在刚刚认识了摧毁谬误所需的真理后，人们仍会保留他们童年的错误，国家的错误，以及他们时代的错误。

真理存在的范围是有限的，而谬误存在的范围则是无限的。

奇怪的是，当我们为错误辩护的时候，我们用的气力比我们捍卫正确时还大。

51. 黑暗

因为有了黑暗才有光明，故只有从黑暗中走出来的人，才最能感受到光明的珍贵。

一条黑暗的河淹没了我的人，一条光明的河却照亮了我的眼。

大地上有黑暗的阴影，可是对比起来，光明更为强烈。

黑暗本身将成为光明，最深的阴影将是光源所在。

52. 光明

在一个真有眼睛的人看来，一滴光明等于汲取不尽的宝藏。

在光明战胜了黑夜，黎明即将到来之前，总还会有一刻短暂的幽暗……

如果你不想使眼睛和头脑疲劳，那就在阴影中向太阳奔跑！

除了通过黑夜的道路，人们不能到达黎明。

53. 斗争

整个宇宙，尽管布满了亿万颗永远在远行中的星辰，却也永远能得到永恒的安宁；只有人世的喧嚷的斗争是永无休止的。

人就应该是人，而不是伪君子。在强盗面前，人应该拿起武器和他们战斗。若心甘情愿地做他们的牺牲品，便不是君子之风，而是愚昧迟钝。

非暴力方法并不是在一切场合都适用的方法，并不是可以普遍应用，百分之百保险的方法。

非暴力和真理如此交织在一起，以致二者实际上不可能分开。非暴力是手段，真理是目的。

谁放弃战斗，他就是放弃了伟大的生活……

对于一个斗争的民族来说，斗争的道路是走不完的。

富人总是少于穷人，所以，斗争一旦变成了人力物力的较量，胜利总是属于穷人的。

54. 反抗

在我们日常的不幸中，反抗所起的作用与"我思故我在"在思想方面所起的作用是一样的，我反抗，故我存在。

一个被压迫的民族有权利在他们可能的时候站立起来，砸碎身上的枷锁。

当政府违反人民权利时，反抗乃为人民责任中最神圣、最不可缺少的。

他们给你们的权利越少，你们就越有理由挣脱你们身上的枷锁，以眼还眼，以牙还牙。

现在要用非暴力的斗争形式来获得正义和真理，也就是用和平手段与邪恶势力进行积极的斗争。

55. 理想

理想使现实透明，美好的憧憬使生命充实，而人类也就有所寄托，使历史随岁月延续于无穷。

理想不抛弃苦心追求的人，只要不停止追求，你们就会沐浴在理想的光辉之中。

缺乏理想的现实主义是毫无意义的，脱离现实的理想主义是没有生命的。

没有理想，没有某种美好的愿望，也就永远不会有美好的现实。

理想是指路的明灯。没有理想，就没有坚定的方向；没有方向，就没有生活。

如果一个人的头上缺少一颗指路明星——理想，那他的生活将会是醉生梦死的。

无论哪个时代，青年的特点总是怀抱着各种理想和幻想。这并不是什么毛病，而是一种宝贵品质。

有理想的、充满社会利益的、具有明确目的的生活是世界上最美好的和最有意义的生活。

生活不能没有理想。应当有健康的理想，发自内心的理想，来自本国人民的理想。

理想并不是一种空虚的东西，也并不玄奇；它既非幻想，更非野心，而是一种追求善美的意识。

理想是闹钟，敲碎你的黄金梦；理想是肥皂，洗濯你的自私心。理想既是一种获得，又是一种牺牲。

一个没有远大理想和崇高生活目的的人，就像一只没有翅膀的鸟，一台没有马达的机器，一盏没有钨丝的灯泡。

理想必须要人们去实现它。这就不但需要决心和勇敢，而且需要知识。

现实是此岸，理想是彼岸，中间隔着湍急的河流，行动则是架在河上的桥梁。

无论是人类还是民族，如果没有崇高的理想，就不能生存。

一个人有了崇高的伟大的理想，还一定要有高尚的情操。没有高尚的情操，再崇高再伟大的理想也是不能达到的。

无论在什么样的社会里，一个人的理想，若是为了多数人的利益，为了社会的进步，对社会生产力的发展起了促进作用，也就是说，合乎社会历史的发展规律，就是伟大的理想。

追求理想是一个人进行自我教育的最初动力，而没有自我教育就不能想象会有完美的精神生活。

理想失去了，青春之花也便凋零了，因为理想是青春的光和热。

56. 希望

一件事物如果能使人高兴，则我们在想到自己将来能惬意地享受它时，心中便产生了一种快乐，这就是所谓的希望。

希望是热情之母，它孕育着荣誉，孕育着力量，孕育着生命。一句话，希望是世间万物的主宰。

不论前途如何，不管会发生什么事情，我们都不失去希望：希望是一种美德。

希望是附属于存在的，有存在，便有希望；有希望，便有光明。

希望是永恒的欣喜。它就像人类拥有的土地，年年有收益，是用不尽的、最牢靠的财产。

强烈的希望，比任何一种已实现的快乐，对人生具有更大的激奋作用。

虽然希望总是受到欺骗，但是有所希望是必要的，因为希望本身是幸福的，希望的烦恼，尽管时常发生，但总是没有希望的破灭那么可怕。

希望是坚固的手杖，忍耐是旅衣。人凭着这两样东西，走过现世和坟墓，迈向永恒。

每一个人对明天都有所希望。每一个人对于未来总有个目的和计划。

希望——尽管它整个是骗人的，至少可以引导我们以一种惬意的方式走完生命的长途。

希望是本无所谓有，无所谓无的。这正如地上的路，其实地上本没有路，走的人多了，也便成了路。

最有把握的希望，往往结果终于失望；最少希望的事情，反而会出人意外地成功。

没有了希望，一个人就不能维持他的信仰，保守他的精神，或保全他的内心纯洁。

57. 志向

没有志向的人，就好比没有动力的船，只能随波逐流。

志向是天才的幼苗，经过热爱劳动的双手培育，在肥沃土地里将成长为粗壮的大树。

同样是抱负，它能毁灭一切，也能拯救一切；它能产生恶棍，也能造就爱国者。

人不论志气大小，只要尽力而为，矢志不渝，就一定能如愿以偿。

如果你志在最高处，那么即使滞留在第二高处甚至第三高处，也并不丢脸。

58. 目标

坚持一贯的目标才是重要的。所以即使迟钝笨拙，只要锲而不舍，也可能发挥相当的作用。

耐心追求目标，不断进步，在获取无限的过程中，表现出人类惊人的伟大。

世上最重要的事，不在于我们在何处，而在于我们朝着什么方向走。

对目标的追求要量力而行，要着眼于自己的努力，而不要一心只想结果。

那些出类拔萃的人正是在生活的早期就清楚地辨明了自己的方向，并且始终如一地把他们的能力对准这一目标的人。

确定目标，即意味着为了达到目标必然要把自己逼进艰难困苦的境地中去；不能确定目标，则意味着他是没有这种勇气的人。

一个人追求的目标越高，他的才能就发展得越快，对社会就越有益；我确信这也是一个真理。

　　人是否能实现目标，这点并不重要，更重要的是一旦有了目标，就会成为一股吸引力，使他做好工作，取得发展和进步。

　　人的本性便是追求目标，而且，因为人"生来就是这样"，所以，除非他起到生来应该起的作用——做一个追求目标的人，否则他不会感到幸福。

59. 未来

　　不仅要解释过去，而且要大胆预测未来，并勇敢地从事实际活动以实现未来。

　　现在比过去更使我感兴趣，而未来又比现在更令人着迷。

　　对未来的向往乃是基于对某种永不会消失的东西的存在所产生出来的真挚而强烈的感觉。

　　千万不要过高地估计现在，千万不要寄希望于现在；幸福和愉快只能是对幸福的未来的憧憬。

　　黑夜里盛开的鲜花，在白天里总要结果实；争取光明的努力，总有达到目的的一日。

　　过去是一个有限的和可以估价的概念；未来却是无限的，因为它是个未知数。

我们知道自己现在是什么，可是不知道自己将来会变成什么。

记住并相信这么一条真理：未来不在命运中，而在我们自己手中。

60. 信仰

我觉得人都应有信仰，或者都应当去追求信仰，不然，他的生活就空洞了。

人是一种好轻信的动物，他必须信仰某种东西；在缺乏好的信仰基础时，他宁可满足于坏的信仰。

每个人总不免有所迷恋，每个人总不免犯些错误，不过在进退之间，周围的一切开始动摇的时候，信仰就能拯救一个人。

信仰是精神的劳动，动物是没有信仰的，野蛮人和原始人有的只是恐怖和疑惑。只有高尚的组织体，才能达到信仰。

信仰不是逢场作戏，不是作为形式上的信仰，而是生平一贯地作为精神支柱去信仰。

信仰是人类认识自己智慧的力量的结果，这种信仰创造英雄，却并不创造并且将来也不会创造上帝。

信仰正像一个神圣的器皿那样，个人尽可能地把自己的感情、悟性、想象献纳其中作为祭品。

信仰存在于人生之中。对于依靠人的力量解决不了的某种力量，就会对规律和现象产生敬畏之感，便是它的出发点。

信仰就是一种感情，这种感情的力量，就同其他各种感情一样，恰好同激动的程度成正比。

信仰犹如爱慕，它不能被强制。任何强制的爱，都必会变成恨。因此，那种强制信仰的企图，其结果首先是真正的不信仰。

在现实中，没有信仰的人就会变得没有生机，没有希望，内心深处焦虑不安。

有信仰的人是有创见的人；不论他信仰什么，他都是为自己，而不是为另一个人。

信念是由一种愿望产生的，因为愿意相信才会相信，希望相信才会相信，有一种利益所在才会相信。

61. 爱国

那些背弃祖国、投奔异邦的人，既不受异邦人的尊敬，又为同胞所唾弃。

没有人因幅员大小或者国力强弱而爱自己的国家。人们爱它是因为它是自己的祖国。

我们中华民族有同自己的敌人血战到底的气概，有在自力更生的基础上光复旧物的决心，有自立于世界民族之林的能力。

爱国主义深深扎根于人的本能和感情之中，爱国之情则是放大了的爱心。

每一个伟大人物的历史意义，是以他对祖国的功勋来衡量，他的人品是以他的爱国行为来衡量。

祖国，这个字眼包含着多少魅力啊！她是指引巡礼者的明星，使之免于跌进深渊。

祖国和信仰是一座大祭坛，人只是一段香，命中注定为祭坛增光而点燃。

62. 奋斗

人不能在历史中表现出他自己，而是他在历史中奋斗着露出头角。

我们应当努力奋斗，有所作为。这样，我们就可以说，我们没有虚度年华，并有可能在时间的沙滩上留下我们的足迹。

每一个心灵只要能尽无论多么微不足道的努力，他就会由奋斗本身得到高尚的享受。

愿你坚强地保持你的荣誉！愿你坚强地参加生活的斗争！愿你拥抱着真理，向真理的国度飞去！

在全力以赴的努力奋斗中，在人的心中会建立起坚定的信心和信念。

真正的胜利所起的作用在于斗争，而不是平安无事地坐享其成；英勇的光荣之处在于奋战而非得胜。

每个成功的人所喜爱的是竞争和自我表现的机会，证明他自己的价值，超越、获胜的机会。

我们所尊敬的人，全都是这条道路上的奋斗者。我们不会尊敬那些懒惰者。

世界上使社会变得伟大的人，正是那些有勇气在生活中尝试和解决人生新问题的人！

人的行为最明显的特征，是人所表现出来的激情和奋斗的极端强烈性。

我始终不愿抛弃我的奋斗生活，我极端重视由奋斗得来的经验，尤其是战胜困难后所得的愉快；一个人要先经过困难，然后踏进顺境，才觉得受用、舒适。

斗争经常受挫折，受到痛苦的挫折，完全如触礁一般，然而斗争决不会停止，它会以眼泪、悔恨重新开始实现其真正不可征服的目的。

63. 追求

让整个一生都在追求中度过吧，那么在这一生里必定会有许许多多美好的时刻。

对真理和知识的追求并为之奋斗，是人的最高品质之一——尽管把这种自豪喊得最响的往往是那些努力最小的人。

今日不能成功的，明日明年可以成功；前人失败的，后人可以继续成功。尽一份力便有一份的满意：无穷的进境上，步步都可以给努力的人充分的愉快。

一个崇高的目标，只要不渝地追求，就会成为壮举；在它纯洁的目光里，一切美德必将胜利。

世间的任何事物，追求时候的兴致总要比受用时候的兴致浓烈。

前途并不属于那些犹豫不决的人，而是属于那些一旦决定之后，就不屈不挠，不达目的誓不罢休的人。

我们的一切追求和作为都是一个令人厌倦的过程。做一个不识厌倦为何物的人该有多好。

人生就是行动、斗争和发展，因而不可能有什么固定不变的目标，人生的欲望和追求绝不会停止不动。

102

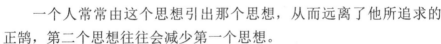

有不少人，他们不追求那些物质的东西，他们追求理想和真理，从而得到了内心的自由和安宁。

人们往往忽略在眼前的事物，而一味渴求远在天边的东西。

人往往异想天开，竭力追求得不到的东西，干办不到的事，结果不是后悔，就是苦恼。

世上一切真正有益的东西无一不是智者通过正确的追求所得到的。

伟大的热情能战胜一切，因此我们可以说，一个人只要强烈地、坚持不懈地追求，他就能达到目的。

一个人常常由这个思想引出那个思想，从而远离了他所追求的正鹄，第二个思想往往会减少第一个思想。

在这个完全有条件的世界上，去直接追求无条件的事物，没有比这更可悲的想法了。

64. 信心

人们必须对生活先有信心然后才能使生活永远延续下去。所谓信心，就是希望。

在荆棘道路里，唯有信念和忍耐才能开辟出康庄大道。

成功者的态度包含众多的成分。但是，最重要的是具有自信心。

信心是一种心境，有信心的人不会在转瞬间就消沉沮丧。如果一个人从他的荫庇所被驱逐出来，他就会去造一所尘世的风雨不能摧残的屋宇。

果断就获得信心，信心就产生力量，力量是胜利之母。

人，只能在他对自己的力量具有信心的领域获得某种成就。

65.意志

凡是意志起作用的地方，在其作用的基础里就存在着需求；因此，历史现象的一切因素都可以归结为个人的各种需求。

意志是世界的物质体，是世界的内在内容，是世界的本质、生命。可见的世界、现象只不过是意志的镜子。

我们行动的意志，依我们行动次数的频繁和坚定的程度而增强，而脑力则依意志的使用而增长。这样便真能产生信仰。

意志愈是激烈，则意志自相矛盾的现象愈是明显触目，而痛苦也愈大。

在人类行为中表现的意志，如同所有其他外界事物一样，受普遍的自然法则决定。

赞美人是因为一切美好的有社会价值的东西，都是由人的力量、人的意志创造出来的。

意志与命运往往背道而驰，决心到最后全部推倒。我们的想法是自己的，但是结果却无从掌握。

许多意志坚强的人似乎都有某种自然的要求——寻求什么人或向它顶礼膜拜的什么东西。意志坚强的人有时也觉得承受不了自己的力量。

意志有一个由比闪电还敏捷的各种液体组成的，看不见的兵团，使它的部下随时供它驱使。

意志越衰弱，感受、想象、梦想新奇事物的欲望就越漫无节制。

对一个一直是随心所欲的人，在所有难堪的事情里面，最难堪的就是自己的意志受到挫折。

66. 行动

光有知识是不够的，我们还必须应用知识；光有意志是不够的，我们还必须见诸行动。

一个人的一生是否有价值，应用一条较为崇高的标准来衡量，这就是行动，而不是岁月。

我们生活在行动中，而不是生活在岁月里；我们生活在思想中，而不是生活在呼吸里。

世上所有美丽的情感加在一起也比不过一个值得敬佩的举动。

伟大的行动，总是以伟大的目标为先导。同时，伟大的目标如不伴随伟大的行动，那也一文不值。

贵族血统是命中注定的，而高贵的行动才是伟大的。

67. 毅力

我们的行为决定了我们的人品，正如我们的人品决定了我们的行为。

伟人所创造的成就都不是出于偶然，而是凭一份辛苦、一份毅力夜以继日地去追寻。这就是所谓的拿破仑主义——时刻奋战不得松懈。

一个人的力量在于顽强的毅力，没有毅力的人无异于草木。

坚忍是种种德行的保障与支柱，一个人没有勇气是很难尽责的，很难具有一个真正有价值的人的品性。

我信仰的原则是用比别人加倍的时间去干，并且培养自己具有坚持到底的顽强精神。

最要紧的是坚定。不要让痛苦使你背离你已经开始的、值得赞美的事业。谁只要能坚持到底，他便是有福的。

人生恰恰像马拉松赛跑一样……只有坚持到最后的人，才能称为"胜利者"。

我已经给自己选定了道路，我将坚定不移。既然我已经踏上这条道路，那么，任何东西都不应妨碍我沿着这条路走下去。

68. 事业

一切伟大的事业，或者是说一切大事，都是由小事组成的。

凡献身于一种事业的人，就会从那里找到一个向导，一个支柱，一个仿佛能规定他胸内心跳的调整器。

事业是一头力大无比的活生生的猛兽，不善于驾驭它不行，必须给它牢牢戴上嚼环，不然，它就会制服你。

人降生到这个世界上并不仅仅是为了活着。无意义的生活会使人感到精神空虚，体会不到人生的意义：人到世界上来是干事业的。

每一个伟大的事业，开头总只为少数有闯劲的人所信奉。

即便是世上最伟大、最壮丽的事业，兴许也常常需要瘦弱的手去扶掖。

人，最理想的是从事永久不灭的事业，这也是生命对人类的要求。

一个人只有以他全部的力量和精神致力于某一事业时，才能成为一个真正的大师。因此，只有全力以赴才能精通。

要是想认真完成一项必要的事业，为人既要灵活，又要有一副铁石心肠。

69. 工作

所有人都应该为既定目标不断进取。要做到这点，首先得活着，要活着从事一件正当的工作。

人生最高的奖赏和最大的幸运产生于某种执着的追求，人们在追求中找到自己的工作与幸福。

一切真正的工作都是神圣的；只要是真正的两手劳动，一切的工作都有几分神圣性。

一个人被工作弄得神魂颠倒直至生命的最后一息，这的确是幸运的。

对于一个人来说，在这个世界上的首要问题，是要找到他应做的工作。

一个有真正大才能的人能在工作过程中感到最高度的快乐。

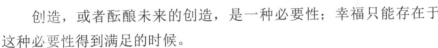

因为找不到工作而怨叹的人，我认为是没有真正付出努力去寻找。

体力的工作可以宣泄精神的痛苦，这正是穷人幸福的原因。

一个人如果在某一天内沉静地抱着伟大的目标工作着，这一天就是为纪念他而设的。

70. 创造

已经创造出来的东西比起有待创造的东西来说，是微不足道的。

创造，或者酝酿未来的创造，是一种必要性；幸福只能存在于这种必要性得到满足的时候。

如果你想要创造，你必须抛弃所有的制约，否则你的创造力将只不过是抄袭，它将只是一个复本。

具有创造性活动的意识是巨大的幸福，也是人活着的伟大证明。

强有力的创造会吓跑许多人，但却迷住了更顽强有力的人。

创造力是一种智力肌肉，愿意并且知道如何锻炼它，你也能发挥出潜在的创造力。

创造——就是人类精神的最高表现，是欢乐和幸福的最珍贵的源泉。

一个健全而进步的社会不仅需要集中控制，而且也需要个人和集体的创造力。

所谓创新，往往只是将早已存在的东西加以变化。

谁也不是任何真正创造力的主宰，人人都应当让真正的创造力去独立发展。

71. 开拓

时代环境全部迁流，并且进步，而个人始终如故，毫无长进，这才是"落伍者"。

缺乏进取精神的民族意味着堕落，唯有开拓和竞争，才能立于不败之地。

运气喜欢在某些时刻撤退，为的是要你以继续的努力把它重新召回。

72. 风险

并非所有人都能成功，勇于进取者往往要冒失败的风险。

冒险精神是荣誉的代名词，它既有阳刚之美，又有柔媚之艳，我们应该把它归功于浪漫。

旧道德叫我们回避危险，但是新道德是不冒险就什么也得不到。

从根本上说，生活是冒险。要舒畅地生活，就要有勇气增强自己的力量，坚定自己的信心。

卓越的人，便是在思想上或在行为上最能追求、最能冒险的人。

伟大的课题要求冒险与牺牲，要解决这课题，必须经由严格的怀疑与否定。

73. 成功

你要记住，生活中成功的人是那些知道自己并不聪明，而努力工作以补偿自己不足的人。

要想取得成功，就得顺应潮流，切不可不知变通地逆流而动。

在别人藐视的事中获得成功，是一件了不起的事，因为这证明了不但战胜自己，也战胜了别人。

如果在自己非常想要做的事情上未能成功，不要立刻放弃并接受失败，试试别的方法。

成功的道路就是做你能做好的工作，做好你所做的工作，并且丝毫不贪图功名。

坚忍是成功的一大因素。只要在门上敲得够久、够大声，终会把人唤醒。

成功者与失败者之间的区别，常在于成功者能由错误中获益，并以不同的方式再尝试。

成功的第一个条件是真正的虚心,对自己的一切敝帚自珍的成见，只要看出同真理冲突，都愿意放弃。

一个人如果认为自己在一生中能干一番不同寻常的大事，就比没有远大理想的可怜虫，有着更多的成功机会。

成功孕育着成功，这个道理完全正确。一次小的成功可以成为巨大成功的基石。

胜利本身并没有多大意思，事情过后也就完了，有意思的是如何争取胜利。

我需要与之斗争的就是我的成功。如果展现在我眼前的路是一马平川，那简直是怪事，实际上它是一条崎岖险峻的羊肠小道。

74. 失败

明智的人绝不坐下来为失败而哀号，他们一定会乐观地寻找办法来加以挽救。

想匆匆忙忙地去完成一件事以期达到快速度的目的，结果总是要失败。

人们常以为犯小过无伤大雅，哪知更大的失败常是由小过引来的。

失败是有教导性的。真正懂得思考的人，从失败和成功中学得一样多。

我们从失败中学到的东西要比从成功中学到的东西多得多。

对别人不感兴趣的人，他一生中的困难最多，对别人的伤害也最大。所有人类的失败，都出自这种人。

一个志在有大成就的人，他必须如歌德所说，知道限制自己。反之，什么事都想做的人，其实什么事都不能做，而终归于失败。

一个人失败的最大原因，就是对于自己的能力永远不敢充分地信任，甚至自己认为必将失败。

成功时不要把自己看成巨人，失败时不要把自己看成矮子。

你在某一具体事情中的失败并不等于你作为一个人的失败。

从失败中培养成功。障碍与失败，是通往成功的两块最稳靠的踏脚石。

75. 道德

无论是慷慨、善良还是正义，都应随时准备用美德去换取。

教育的惟一工作与全部工作可以总结在这一概念之中——道德。

真理和美德是艺术的两个密友。你要当作家，当批评家吗？请首先做一个有道德的人。

我深信只有有道德的公民才能向自己的祖国致以可被接受的敬礼。

善良的最光荣的标志是坦白地承认自己的错误以及别人的错误，用道德的力量去中止趋于邪恶的倾向。

人不应当像走兽一般地活着，应当追求知识和美德。

我们要严肃认真地生活，还应借助道德的力量。

76. 美德

人的美德犹如名贵的檀香，通过烈火焚烧会散发出最浓郁的芳香。正如恶劣的品质将在幸福中呈露一样，最美好的品质也正是在逆境中被显示。

个人美德包含在对自己或对他人皆有用或皆愉悦的心灵性质里。

所有的人都是平等的，造成差别的不是门第，而是美德。

美德并非如学者所说：坐落在陡峭的山崖，挺拔险峻，高不可攀。

任何德行和仁爱的繁殖，对大自然的高贵品质是有好处的。

美德与恶，道德上的善与恶，都是对社会有利或有害的行为；在任何地点，任何时代，为美德的道路窄而险，罪恶的道路宽而平，可是两条路止境不同：走后一条路是送死，走前一条路是得生，而且得到的是永生。

77. 教养

这个世界上有教养的人，在没有相同教养的社会里，反而得不到尊重；一个横蛮的人，反而可以建立威信。这真是黑白颠倒的怪现象。

良好教养的顶点与其说表现在不与人争，不如说表现在热心助人。

没有教养、没有学识、没有实践的人的心灵好比一块田地，这块田地即使天生肥沃，但倘若不经耕耘和播种，也是结不出果实来的。

修养的本质如同人的性格，最终还是归结到道德情操这个问题上。

优良的品性是内心真正的财富，而衬托这品性的是良好的教养。

要想有教养，就要去了解全世界都在谈论和思索的最美好的东西。

有文化教养的人能在美好事物中发现美好的含义。这是因为这些美好的事物里蕴藏着希望。

谁对待路人能像对待家宾那样彬彬有礼，谁就是世界公民。

没有伟大的品格，就没有伟大的人，甚至也没有伟大的艺术家，伟大的行动者。

修养的本质如同人的性格，最终还是归结到道路情操这个问题上。

78. 品格

每个人都应该具有自己特殊的品格。当然，获得这一品格的过程，无疑也是一种艺术创造过程。

我宁愿万死，也不肯享受足以贬低我所爱的人的品格的那种快乐！

一个人的品格不应由他的特殊行为来衡量，而应由他的日常行为来衡量。

造就伟人的并非时势，而是其自身的品质。若要成为伟人，必须道德崇高，品性完美。

品性高贵的人就该有所节制，遇事能权衡轻重，从不忘记自己的身份。

我们之所以高贵并不是因为我们出身豪门，而是因为我们有高尚的品行。

自然法则不是自己创造出来的，品性的软弱与愚蠢绝不是它有计划地创造出来的。

品格如同树木，名声如同树荫。我们常常考虑的是树荫，但却不知树木才是根本。

好的品性不仅是社会的良心，而且是国家的原动力，因为世界主要是被德性统治的。

人的品格总会让别人知道。哪怕最诡秘的言行，最不可告人的目的，也能反映出一个人的品格。

一般来说，每个人都具有某些他归功于或归咎于人类的优良或恶劣的品格。

79. 公正

公正的和所有一切美的和好的行为都以美德为基础，由此可见，公正和所有美德即是智慧。

一般地说，公正对于每个人都是一样的，因为它是相互交往中的一种互相利益。但是地点的不同及其他情形的不同，却使公正有所变迁。

真正的人道精神首先意味着要公正，而所谓公正，就是尊重与严格要求相结合。

不公正并非本来就是坏的；其之所以坏，只是因为有种畏惧随之而来：怕不能逃避那奉命惩罚行为不公正者的人。

大凡不涉及私人利害得失的地方，人总是容易站在公正和人道一方面。

80. 正直

正直的人是一切人中最不为不安所苦者，不正直的人永远为不安所苦。

做一个正直的人，就必须把灵魂的高尚与精神的明智结合起来。

你如果真正是一个善良而正直的人，那么，当你行仁守义的时候，永远不会受到伤害。

正直无私，扬眉吐气，我不怕人，人皆敬我，就是天堂快乐之境，此为将之根本。

做一个圣人，那是特殊情形；做一个正直的人，那却是为人的正轨。你们尽管在歧路徘徊、失足、犯错误，但是总应当做个正直的人。

正直的人最吃力的工作是经常把最难消除的恶念从人类的灵魂上消除出去。

对待工作的严肃态度，高度的认真投入，形成了自由和秩序之间的平衡。

正直的人必须和正直的人为伍，因为谁能够那样刚强，不受诱惑呢？

人类之所以充满希望，其原因之一就在于人们似乎对正直具有一种近于本能的识别能力——而且不可抗拒地被它所吸引。

人要正直，因为在其中有雄辩和德行的秘诀，有道德的影响力。

正直意味着有勇气坚持自己的信念。这一点包括有能力去坚持你认为是正确的东西，在需要的时候义无反顾，并能公开反对你确认是错误的东西。

81. 高尚

光明正大是为人处世的最基本要求，即便学识才能如何优异，但如缺乏此种精神，则不足为别人的模范。

在高处的事物不一定就高，在低处的也不一定就低。这是大自然这部伟大典籍教给我们的一条明训。

从崇高到荒唐只有一步，可是从荒唐却没有路能回到崇高。

有崇高品德的人在自己的一生和不幸中，他所注意的大半是整个人类的命运，而很少注意到自己个人的命运。

"崇高"的意义是相当确定的，然而我们还可以说它是一种正当的骄傲，是一条通向被颂扬的最高尚的道路。

崇高存在于人的精神之中，而不是存在于自然界的狂风暴雨之中。

问题不在于你的寿命有多长，而在于你活得有多高尚。

82. 善良

大凡善良的人总喜欢把人往好处想,总是把人想得比实际上更好,总爱夸大他们的好处。对于这样的人来说，以后的幻灭是很难过的，在他们觉得自己负有责任时就更难过了。

善人生活当中最好的部分，是他微小、默默无闻、不为人记忆的善行。

生活中的善越多，生活本身的情趣也越多。二者水乳交融，相辅相成。

根据心灵的基本原则，人类是能够为了善本身而追求善的。

善良人一生的精华，便是他那些无可称道而又不记在心上的小小的仁爱的行为。

大量善行可能出于严厉，更多的是出于爱，但最多的还是出于

120

清晰的了解和无偏见的公正。

利人的品德我认为就是善。在性格中具有这种天然倾向的人，就是"仁者"。这是人类的一切精神和道德品格中最伟大的一种，因为它属于神的品格。

任何行为都不可能源于纯粹的乐善好施，人类的仁慈总是混合着虚荣、利益和其他一些动机。

83. 宽宏

宽恕他人的作恶，对于弱者来说，尽管要作很大努力，但至少可以从憎恨他人的苦恼中解脱出来。如果不能宽恕，那么至少忘记其恶吧！

人的心不算大，但它想得到的却很多。它小得不够一只鸢吃一顿，但整个世界却填不满它。

人的心只有拳头那么大，可一个好人的心是容得下全世界的。

人只要上了一点年纪，判断事物的态度就会变得宽厚起来。我还没有见到哪一种过失是我自己绝不会犯的。

世界上最能长存的东西能存在的日子也很有限，你又何必拿这些小事儿当真哩！

84. 勤劳

凡是普通人能够做的事情，我都可以做，我最大的好处是勤劳。

假如你有天赋，勤奋会使它变得更有价值；假如你没有天赋，勤奋可以弥补它的不足。

出身高贵的人常是不太勤劳的，然而他们对勤劳的人却又心怀嫉妒。

如果没有勤奋，没有机遇，没有热情的提携者，人就是再有才能，也只能默默无闻。

在生命的寻常事务里，勤奋可以使你做到任何天才所能做到的事，以及许许多多他所做不到的事。

劳动而得的工钱，是对勤勉的一种奖励，勤勉就像人类的其他资质，因奖励而有成正比的进步。

在我的心目中，除天才外，勤劳要不是人类精神方面一个顶可爱的优点，那就干脆让我变成一个两鬓苍苍的丑八怪吧。

应该不失时机地依靠坚韧的勤劳，来改善自己在世间的处境。

勤勉而顽强地钻研，永远可以使你百尺竿头更进一步。

涓滴之水终可磨损大石，不是由于它力量强大，而是由于昼夜不舍的滴坠，只有勤奋不懈的努力才能够获得那些技巧。

85. 俭朴

节约是避免不必要开支的科学，是合理安排我们财富的艺术。

知道什么时候该花钱，什么时候该节约，你就不必整天忙忙碌碌，也就永远不会变成穷光蛋。

不要买自己想买的东西，而要买自己需要的东西。不需要的东西即使只花一分钱，也是昂贵的。

节俭是一门艺术，它能使人最大程度地享用生活。热爱节俭是一切美德的根本。

谁在平日节衣缩食，在穷困时就容易渡过难关；谁在富足时豪华奢侈，在穷困时就会死于饥寒。

简单淳朴的生活，无论在身体上，还是精神上，对每个人都是有益的。

贫穷并不是什么缺点，它使我保持着俭朴的生活，也使我后来能够忍受更清贫的生活。它教会我珍视金钱的价值，使我认识到资助贫苦的人是最大的乐趣。

86. 勇敢

勇气很有理由被当作人类德性之首，因为这种德性保证了其余的德性。

凡是知道在可怖的和危险的情况中怎样使自己行动得很好的人是勇敢的人，而不能这样做的人是懦夫。

勇气这东西是不假思索、毫不犹豫地，听到求救的呼声就像闪电一般本能地冲上去。

我们不仅应该把那对敌人取得胜利的人看作是勇敢的人，而且也不应该把那对自己的欲望取得胜利的人看作是勇敢的人。

勇敢是对于通常会引起恐惧的东西抱着鄙夷态度的品质，它鄙薄、蔑视、压倒一切恐吓我们、桎梏人类自由的东西。

最勇敢的人有时是最不幸的人，因此就有傲然抗衡胜利的意气扬扬的失败。

勇敢产生在斗争中，勇气是在每天对困难的顽强抵抗中形成的。我们青年的箴言就是勇敢、顽强、坚定，就是排除一切障碍。

英勇是一种力量，但不是腿部和臀部的力量，而是心灵和灵魂的力量，这力量并不存在于战马和武器的价值之中，而是存在于我们自身之中。

一个有英雄气概的猎人，如果遇到困难，哪怕有性命危险，他也不会等闲视之，他，总是先干了再说，就是放弃今后任何飞黄腾达的机会，他也在所不惜。

87. 诚实

诚实是力量的一种象征，它显示着一个人的高度自重和内心的安全感与尊严感。

始终不渝地忠实于自己和别人，就能具备最伟大才华的最高贵品质。

我不愿卖弄任何东西，只想真实地表现自我，表现我的本来面目。

诚实而无知，是软弱的、无用的；然而有知识而不诚实，却是危险的、可怕的。

我所信任的人应该是每时每刻都吐露真音的人，不懂的地方就干脆承认不知道。

一清如水的生活，诚实不欺的性格，无论在哪个阶层里，即使心术最坏的人也会对之肃然起敬。

一个诚实的人，不论他有多少缺点，同他接触时，心神会感到清爽。这样的人，一定能找到幸福，在事业上有所成就。这是因为以诚待人，别人也会以诚相见。

一个诚挚、热心，为着光明而斗争的人，不能够不是刻苦而负责的。

哪怕你身居高官显位，享尽荣华富贵，只要有虚饰，就绝对体味不到真正的幸福。

走正直诚实的生活道路，必定会有一个问心无愧的归宿。

88.谦虚

谦虚的人，快来，让我拥抱你们！你们使生活温和动人，你们自以为一无所有，可是我说你们拥有一切。

真正有学问的人，就像麦穗一样：只要它们是空的，它们就茁壮挺立，昂首睨视；但当它们趋于成熟，饱含鼓胀的麦粒时，它们便谦虚地低垂着头，不露锋芒。

一个目光敏锐，见识深刻的人，倘又能承认自己有局限性，那他离完人就不远了。

谦逊，是那偏僻山崖中的泉眼，所有的崇高美德都是由此潺潺流出的。

伟人多谦虚，小人多骄傲。太阳穿一件朴素的光衣，白云却披了灿烂的裙裾。

谦虚对于优点犹如图画中的阴影，会使之更加有力，更加突出。

大多数的科学家，对于最高级的形容词和夸张手法都是深恶痛绝的，伟大的人物一般都是谦虚谨慎的。

微少的知识使人骄傲，丰富的知识则使人谦逊，所以空心的禾穗高傲地举头向天，而充实的禾穗则低头向着大地，向着它们的母亲。

真正谦逊，是人类一种最好的品性，因为他有自知之明，他知道在这广大的世间的复杂的社会里，他的能力和头脑，实在太简单太渺小了，不够去解决人世间的一切问题。

我们应该谦虚，因为你我都成就不了多少。我们都只是过客，一个世纪以后都会完全被遗忘。生命太短促，不能老谈自己微小的成就来教人厌烦，且让我们鼓励别人多谈吧！

过分的谦虚，是对于自然的一种忘恩负义，相反地，一种诚挚的自负却正象征着一个美好伟大的心灵。

当谦虚成为公认的好德性时，无疑地世上的笨人就占了很大的便宜；因为每个人都应该谦虚地不表现自己，世人便都类似了。这真是真正的平等呵！

89. 情感

人的情感，人的理智，这两重灵性的发达与天赋，不一定是平均的。

有些人，是理智胜于情感，有些人是情感溢于理智。

情感的本身源于我们的需要，而情感的发展则源于我们的认识。

只有经受了考验，经历了生活患难的感情，才是真正的感情。

情感丰富固然是一切美德的源泉，但也是酿成许多灾难的始因。

在情感的海上，没有指南针，只好在奇异的事件前面束手无策地随意漂流。

情感就是对自己的爱，对痛苦的忧虑，对死亡的恐惧和对幸福的向往。

感情的长处在于会使我们迷失方向，而科学的长处就在于它是不动感情的。

抵制情感的冲动，而不是屈从于它，人才有可能得到心灵上的安宁。

所有的感情在本性上都是好的，我们应当避免的只是对它们的误用或滥用。

情感是不应当听其自然的，它们完全像思想一样，思想之火经常被强迫着从事活动，引导下一个方向，要不然它们就会变得空虚，开始分散了。

90. 热情

热情是一种非常可贵的动力，但是同一切动力一样必须充分认识其各方面的影响，才能用得恰当。

热情是飞跃的闪电，它的功率是不可用人们常识中的马力来计算的。

伟大的热情能战胜一切，因此我们可以说，一个人只要强烈地坚持不懈地追求，他就能达到目的。

在这世界的历史里，每一个伟大的有威力的时代的产生，都是由于某一种热诚得到了胜利。

热情是人们惟一的动力，它造成我们在世界上所看见的一切善和恶。

一个没有受到献身的热情所鼓舞的人，永远不会做出什么伟大的事情来。

人生是严酷的，热情的心性不足以应付环境，热情必须和智勇连接起来，方能避免环境的摧残。

事情常常是这样，过分的热情和兢兢以求只能招来相反的结果。

热情之中应当有冷静，冷静之中应当有热情。两者相统一，才能巩固住美好的爱情。

一个人要是没有热情，没有需要，仅仅为了他人的缘故去逐名追利，苦苦折腾，这个人便是傻瓜。

91. 激情

没有激情，人只不过是一种潜在的力量。就像火石，在它能够发出火星之前等待着铁的撞击。

在热情的激昂中，灵魂的火焰才有足够的力量把创造天才的各种材料融于一炉。

我们的激情实际上像火中的凤凰一样，当老的被焚化时，新的又立刻在它的灰烬中出生。

要遏制邪恶，挫伤激情不是办法，而应力图使它的这种活力为我们的德性服务。

激情是使航船扬帆的骤风，有时也使它沉没，但没有风船就不能前进。

激情对于人生只不过是一个偶然发生的事件。这个偶然只发生于优秀的人们的心中。

92. 同情

过多的同情是错误的。当然，过少的同情更是错误的，在这方面就像其他任何事情一样，走极端都是不好的。

与家庭有密切关系的事会使家人都受影响，而人心对陌生人的不幸很快便会不关痛痒。

同情在中和酸性的狂暴感情上，有很大的化学价值。明天你所遇见的人中，有四分之三都渴望得到同情，给他们同情吧，他们将会爱你。

使得人们心肠冷漠的是，每个人有着或自认为有着自身也不堪负担的苦恼。

一个才华横溢的人，如果身边没有诚挚的朋友，那准是因为他为人冷酷。

大凡人生遇到不幸，再碰到别人对他的痛苦表示同情，无论是真是假，总是最容易引起他的好感的。

一个人如果对陌生人亲切而有礼貌，那他一定是一位真诚而富有同情心的好人，他的心常和别人的心联系在一起，而不是孤立的。

在知识中，事物与观念之间存在着一种对立。相反地，同情繁殖相同的感情。

陪着哭泣的人流泪，多少会使他感到几分安慰，但若满心的怨苦被人嘲笑，却是双重的死刑。

每颗心都有着为世人所不知的隐痛暗伤，我们常常说某人冷漠，而其实他只是郁郁寡欢。

最不幸的是那些用不幸来装饰自己的人，就是这些人最希望别人关心他，而同时又最不值得别人关心。

无论你的悲伤有多深切，也不要期望同情，因为同情本身包含了轻蔑。

如果他对其他人的痛苦不幸有同情之心，那他的心必定十分美好，犹如那能流出汁液为人治伤的珍贵树木。

93. 理智

理智是一切力量中最强大的力量，是世界上惟一自觉活动着的力量。

冷酷无情的理智是一把除捣毁外毫无用处的锤子。它有时就像冷酷的心一样有害和可恨。

全是理智的心，恰如一柄全是锋刃的刀，它让使用它的人手上流血。

问心的道德胜于问理的道德，所以情感的生活胜于理智的生活。

理智是一颗冷酷的太阳,它放射光明,可是叫人眼花,看不见东西。在这种没有水分与阴影的光明底下，心灵会褪色，血会干枯。

理智是人的最高天赋，是人本质上区别于低级动物的特征。

理智可以制定法律来约束感情，可是热情激动起来，就会把冷酷的法令蔑弃不顾。

94. 心灵

心灵是自己做主的地方，能把地狱变成天堂，把天堂变成地狱。

我们的心是一座宝库，一下子倒空了，就会破产。一个人把情感统统拿了出来，就像把钱统统花光了一样得不到人家原谅。

人要避免厌倦的最好方法，莫如增长自己的心灵财富；人的心灵财富愈多，厌倦所占的地位就愈小。

在人生辽阔的海洋上航行，只有你的心在引导你前进。

在天生的万物中，放出最大的光明的是人心，不幸的是，制造最深的黑暗的也是人心。

心灵的眼睛恰似肉体的眼睛那样，能看到新的目标，对那些眼皮底下的东西反而视而不见。

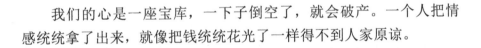

一个人即便驾舟游遍自己的内心世界，涉足每一条小溪，每一个角落，仍还有不少从未亲临过的地方。在这一点上谁又能例外呢？

我们大家都有一个内心世界，每个人都有自己特殊的内心世界！

在一切创造物中间没有比人的心灵更美、更好的东西了。

人的心灵是不会随着肉体而完全消失的，总有一部分留下来永生不灭。

心里的快乐远超过肉体的快乐，平稳宁静的心灵正是躲避暴风雨最好的港湾。

95. 快乐

快乐的秘诀是：让你的兴趣尽可能地扩张，让你对人对物的反应尽可能出自善意而不是恶意的兴趣。

快乐并不需要下流或肉欲。往昔的智者都认为只有智性的快乐最令人满足而且最能持久。

金钱代表人类的抽象快乐，因此凡是不能再有具体快乐的人，往往把整个心思都放在金钱上面。

快乐，对于大多数快乐的人来说，是严格约束的最珍贵、最可心的结果。

快乐是一种奢侈。若要品尝它，绝不可缺的条件是心无不安。心若不安——即使稍受威胁，快乐就立刻烟消云散。

把事业留给游手好闲的人，把智慧留给愚人。他们需要这些，让聪明成为我的才能，享乐成为我的本职。

倘若你一味追求快乐，只会越来越承受运气和偶然性的摆布，屈从于外物的支配，这样，一件不测之事就可能突然夺走你的一切。

真正的快乐是对生活的乐观，对工作的愉快，对事业的兴奋。

惟独具有最高尚的和最快乐的性格的人才会有感染周围的人的快乐。

最大的快乐就是对自己感到满足，正是因为应得到这种满足，所以我才生在这个世界上，才赋有自由，才受到各种欲念的引诱和良心的约束。

96. 交际

人是社交动物，我们是动物群中的成员。如果我们不遵循这动物群中的原则，就会遭到报应。

处在社交圈中是一个烦恼，而超脱出来又简直是一场悲剧。

不要让自己和社交中的朋友的固执己见产生和继续下去，因为这种交谈与其说是一种事务，不如说只应当是一种游戏，应当通过一种适当插入的戏谑而将那种严肃认真避开。

机智和妙语可在交际场上增添光彩，而俗气的玩笑和浪声大笑却会使人变成一个丑角。

我们所知道的最好、最可靠、最有效而又最无副作用的兴奋剂就是社交。

人们称之为"友爱"的，实际只是一种社交关系，一种对各自利益的尊重和相互间的帮忙，归根结底，它只不过是一种交易，自爱总是在那里打算着赚取某些东西。

平等相待是社交的起码条件。谁自视太高、盛气凌人，谁就无异于自认是社交场上的下流之辈。

97. 友谊

友谊是最纯粹的爱。它是爱的最高形式，它不要求任何东西，它没有任何条件。

友谊绝不是发生在当共同的爱好把两人结成一伙，意欲得到一切荣誉的时候。为什么呢？因为他们知道一切——特别是他们共同的挫折——都要两人共同来承担。

既然我们都是凡人，就不如将友谊保持在适度的水平，不要对彼此的精神生活介入得太深。

友谊是灵魂的结合，这个结合是可以分开的，这是两个敏感、正直的人之间心照不宣的契约。

我们天生就像喜欢别的东西一样喜欢友谊，这如同人类生来就厌恶孤独，渴望社交一样。

友谊不是别的，而是一种以善意和爱心去连接世上一切神俗事物的和谐。

真诚的友谊如同完好的健康，其价值往往只有在失去之后才被意识到。

友情是天堂，没有它就像下地狱；友情是生命，没有它就意味着死亡。

很多显得像朋友的人其实不是朋友，而很多是朋友的倒不显得像朋友。

友谊往往是由一种两个人比一个人更容易实现的共同利益结成的，只有在相互满足时这种关系才是纯洁的。

没有自由就不会有友谊，友谊热爱自由的空气，它不愿意被关闭在狭小的围墙之内。

98. 交友

对年轻人来说，朋友是提醒他们不犯错误的谋士；对老年人来说，朋友是补充他们衰竭的体力、照顾他们生活困难的助手；对成年人来说，朋友是辅佐他们完成宏伟事业的臂膀。

一生中交一个朋友谓之足，交两个朋友谓之多，交三个朋友谓之难得。

我们想的是如何养生，如何加固屋顶，如何备齐衣衫；而聪明的人考虑的是怎样选择最宝贵的东西——朋友。

最善于应付对外面敌人的恐惧的是尽量交友；对于不能交为朋友的人，至少要避免和他们结怨；要是连这个也办不到，就要尽可能地避免和他们往来，为自己的利益疏远他们。

为朋友的不幸而哭泣，为朋友的喜悦而欢欣，这种生命的共鸣，意味着向社会敞开的人格的真正形成。

因为有利可图才与你结为朋友的人，也会因为有利可图而与你绝交。

因为不是每一根枝条上都结满朋友，所以总会有烂核变心的故旧。

我既然找不到一个完全献身于我的朋友，我就必须有些能以其推动力克服我的惰性的朋友。

朋友之间不应该存在隔阂。然而一旦产生隔阂，我们就应当力争给人留下这样的印象：你们之间的友谊之火似乎是燃尽的，而不是被人踏灭的。

在不幸中，有用的朋友更为必要；在幸运中，高尚的朋友更为必要。在不幸中，寻找朋友出于必需；在幸运中，寻找朋友出于高尚。

如果我们想要克服寂寞，就必须脱离自怜的阴影，走入见新人、结交朋友的亮光中。

选择朋友应当像选择阅读的书籍一样，一要谨慎，二要控制数量。

99. 识人

判断人，绝不是光凭眼睛，不用耳朵；可还得经过深思熟虑，并不轻信所见所闻。

判断一个人，与其根据他的言辞，不如根据他的行为，因为言辞漂亮但行为令人不敢恭维的人到处可见。

评判人们的时候，不要根据他们的短处，而要根据他们的长处。

判断一个人当然不是看他的声明，而是看他的行为；不是看他自称如何如何，而是看他做些什么和实际是怎样一个人。

对一个人最根本的判断不是在他舒舒服服和顺利时站在哪里，而是在挑战和论战时站在哪里。

人像一块矿石，它在你手里暗淡无光，你只有从一定的角度才能看见它那深沉的光芒。

有些人所做的每一件事都有两面，一面是人人都看得见——这是虚伪的一面；另外隐藏着的一面——那才是真实的。

100. 择友

一个公开的敌人可能成为祸害，但一个伪装的朋友则更糟。

要争取朋友，最可靠的方法，就是尊重对方的意见和满足其自尊心。

人们的灵魂各不相同，德行脾性相同者能合到一块，德行脾性不同者合不到一块。

两个人相遇就像两种化学物质接触一样，假如有反应，双方都会起变化。

交朋友要交义气人，正如精明的医师治病前必须切脉考察病根，交朋友也必须考查对方的品德，否则是危险的。

友谊和言辞往往掩盖着私利，选择朋友务必慎重行事。

101. 朋友

一切亲人并不都是朋友，而只有那些有共同利益关系的才是朋友。

如果一个人在一生中不结交新知，很快就会发现自己形单影只。

哪怕全世界的人都恨你，都相信你坏，只要你自己问心无愧，你也不会没有朋友的。

对人类有所研究的人说，世界上最难寻觅而又最易失去的是朋友。

朋友间有误会应当坦率地交换看法，不可背地诽谤；有过失应当面规劝，在背后则应赞扬他的优点。

真正的朋友是所有财富中最重要的财富，也是人们最少考虑取得的财富。

朋友间当遵守以下法则：不要求别人寡廉鲜耻的行为，若被要求时则应当拒绝。

102. 处世

一个人如果拼命坚持自己的观点，不是有病，就是坠入了情网，或是没有吃饭。

为一件过失辩解，往往使这过失显得格外重大，正像用布块缝补一个小小的窟窿眼儿，反而欲盖弥彰一样。

只有能够回报的恩惠才可以接受，否则，非但不能使人感恩戴德，反而会引起人们的反感。

做人应正直，而且有帮助亲友的义务。有时候应该连自身都不顾惜。

我们常常原谅那些使我们厌烦的人，却不能原谅那些厌烦我们的人。

没有人在生活中能不与别人碰撞。他不得不以各种方式奋力挤过人群，冒犯别人的同时也忍受别人的冒犯。

我们是幸福或是不幸，全取决于我们与之相比的是些什么人，所以，最大的危险，莫过于孤身独处。

不要背后议论，免得被人当作谣言的制造者，因为不说话是不会伤人的，而说长道短则会招惹是非。

谋求自己的利益是美德或者是正当的处世之道惟一重要的基础。

对自我的留意，在要和人打交道的时候虽然是必要的，但在交往中却必须不要显露出来，因为那样就会产生难堪（窘迫），或者是装腔作势（矫揉做作）。

103. 待人

对于一个有优越才能的人来说，懂得平等待人，是最伟大、最正直的品质。

不知道他自己的尊严的人，他就完全不能尊重别人的尊严。

所有的人毫无例外都是为了美好的将来活着，所以一定要尊重每个人。

人与人之间的关系是微妙的，不容易相处好的。有时小小的关心照顾成了人与人之间的润滑剂，相反，有时由于一时出口不慎，也会伤了对方的感情。

人际关系是人与人之间的沟通，是用现代方式表达出"欲人施于己者，必先施于人"的金科玉律。

只有肯定别人的价值，人们才会对你有恰当的评价。

104. 信任

信任是友谊的重要空气，这种空气减少多少，友谊也会相应消失多少。

猜疑易使君王变得暴戾，使做丈夫的产生嫉妒之心，使智者陷入重重困惑。

只有打算彼此开诚布公的人们之间，才能建立起心灵上的交流。

由于这种彼此间的互相猜忌，使任何人都没有方法可以使自身得到他所期望的安全与合理。

当一个人受到公众信任时，他就应该把自己看作公众的财产。

不应该信任任何人，而应该仅仅信任那些已经证明可信的人。

信任一切人是个错误，对一切人都不信任也同样是个错误。

105. 赞扬

对一个高尚的人来说，在不恰当的地方，受到不恰当的人的赞美是一种最大的坏事。

赞美好事是好的，但对坏事加以赞美则是一个骗子和奸诈的人的行为。

不要沾染奉承人的习气，它会使人丧失美德。除喜欢别人逢迎的人外，逢迎者是人类中最卑劣的。

拒绝赞扬出自一种想被人赞扬两次的欲望。

称赞固可使人着迷，但也足以害人！它正如混着蜜糖的毒酒，是为被判处死刑的人准备的。

106. 互助

聪明人都明白这样一个真理：帮助自己的惟一方法就是去帮助别人。

应该尊重彼此间的相互帮助，这在社会生活中是必不可少的。

自己的痛苦即使再大，也不要放在心里，朋友的痛苦即使再小，也应该充分注意。

处世之道，贵在礼尚往来。如果你想获得友谊，你必须为你的朋友效力。

一生都没有满足过朋友要求的人，不能算是一个成功的人。

获得恩惠是生活的全部艺术，没有恩惠的人是没有前途的。

你的朋友是你的有回答的需求，他是你用爱播种，用感谢收获的田地。

107. 守信

要有信。信人也要信己。人人有信才能够使自己和他人的独立自尊得以实现。

信用是难得易失的。费十年功夫积累的信用，往往由于一时一事的言行而失掉。

假如想让人们对你的支持维持得长久，处理问题就不能随心所欲，出尔反尔。

为了恪守一个宏伟的诺言而去贡献毕生精力，对平庸之人是很难做到的。不过，我觉得，每一个人心里都应该有一个小小的诺言，如果将恪守小小诺言的无数人们的力量汇集到一起，就会一步一步地在人类的历史上开辟出一条道路来。

108. 礼貌

礼貌是儿童与青年应该特别小心地养成习惯的第一件大事。

礼貌是后天造就的好脾性，它弥补了天性之不足，最后演变成一种近似真美德的习惯。

礼貌建筑在双重基础上：既要表现出对别人的尊重，也不要把自己的意见强加于人。

做导师的人自己便应有良好的教养，随人、随时、随地都有适当的举止和礼貌。

良好的礼貌是某种不可分割的良好意识的一部分，但傻瓜称之为良好教育的恰恰是世上最不礼貌的东西。

生活里最重要的是有礼貌，它比最高的智慧，比一切学识都重要。

礼貌和教养对于装饰人类或其他一切优良品质和天资，都是必不可少的。

如果我们举止有礼、言谈友善，我们就能粗暴地对待许多人而又安然无恙。

礼貌出自内心，其根源是内在的，然而，如果礼貌的形式被取消，它的精神与实质亦随之消失。

109. 礼节

礼节比法律更重要，它那高雅的特性为自己筑起了一道无法攻克的防护墙。

只有确实内在品格很高的人，才适合不拘小节。犹如没有衬景的宝石，必须自身珍贵才会蒙受爱重一样。

礼貌举止正好比人的穿衣——既不可太宽也不可太紧。要讲究而有余地，宽裕而不失大体，如此才能做成事业。

在语言交际中要善于找到一种分寸，使之既直爽又不失礼。这是最难又是最好的。

诚挚的道歉不仅能够和解被损坏的关系，而且还可以使这种关系变得更为牢固。

温和、谦逊、多礼的言行，有时能使人回心转意。

110. 文化

如果没有文化财富——知识、文学、艺术、音乐以及各种形式——表现出来的美，那么生活就会变得黯淡、狭隘，从而失去了真正的人的幸福。

总而言之，文化是发展的一个基本方面，其奋斗目标是人类的幸福，并向人类提供一个与其环境相适应的、共同的、高水平的生活。

文化的视野超越机械，文化仇恨着仇恨，文化有一个伟大的激情，追求和美与光明的激情。

我们应当珍视各类文化，而不是竭尽全力地把一个种族或文化的标准强加于某一民族或整个世界。

文化虽然不像文明那样具有地区的广泛性。但是，它相应地和各个国家的每一个人的喜、怒、哀、乐具有更深刻的联系。

在文化领域里没有小民族和大民族之分。每一个民族不论它多么小，都能把自己的艺术珍品送入世界文化宝库。

文化是生命的表达形式。当文化不能表达生命、反而压抑生命的时候，生命的紧张感就增大。有时候，需要改变旧文化，创造新文化，以重新表达生命。

文化可以作为衡量一个国家文明程度高低和社会兴衰的尺度。

文化的伟大瞬间从道德上来讲是违背道德的时代。文明的时期对于精力最充沛、豪放的天性是无法忍受的时代。

111. 知识

思考和知识应该是经常同步而行的。如若不然，知识就是个死物，而且会毫无成果地消亡。

世上只有一样东西是珍宝，那就是知识；世上只有一样东西是罪恶，那就是无知。

知识的源泉不会枯竭，不管人类在这方面取得多大成就，人们还是要不断地去探索、发掘和认识。

知识是青年人最佳的荣誉，老年人最大的慰藉，穷人最宝贵的财产，富人最珍贵的装饰品。

一切知识的终极目的就是理解该做什么。了解曾经发生、正在发生和可能发生的一切，也就是为了达到这个目的。

知识本身并没有告诉人怎样运用它，运用的方法乃在书本之外，这是一门技艺，不经实验就不能学到。

人们说得好，老田里年年产新谷，同样，旧书中也一定能学到新知识。

112. 学问

学者是和平的人，他们并没有佩戴武器，但他们的舌头比剃刀更锋利，他们的笔比雷声更喧闹。

真正的学者知道怎样从已知引出未知，并且逐步接近于大师。

学问越多越可看出人们知识之匮乏，财富越多越可看出大千世界之贫穷。

学问使人心和仁厚，易于治理，而愚昧则只使人粗野蛮横，易于叛乱。

学问如宝剑，要用率直的心去挥使，否则，反而会成为破坏人类幸福的根源。

人的装饰要靠智慧和学问，华美的衣裳不会带来荣耀，炫耀外表的阔绰才叫愚蠢，实际上金玉其外，败絮其中。

113. 学习

学习不仅是明智，它也是自由。知识比任何东西更能给人自由。

做学问要在细小处求甚解，永远不人云亦云，绝不沽名钓誉。总

150

之，安于贫贱而不妄，勤于解难而不惑。

要学习，甚至从自己的敌人那里去学习怎样做到明智、真实、谦逊，学习怎样避免自视过高，这总不会为时太晚的。

蠢人常说他们是从自己的经验中进行学习的。我却认为利用别人的经验更加好些。

无师自通或自学成才的人毕竟很少，因为光靠自己学的人在掌握知识的过程中，力气往往用不到点子上。

从传闻出发，人们不可能学好科学，正如从格言出发，不可能获得智慧一样。

对于聪明的人和有素养的人来说，求知欲是随着年龄的增长而转变得愈加强烈的。

向所有人学习，不论向敌人或朋友都要学习，特别是向敌人学习。

必须学习再学习。可学的东西真是包罗万象，人们为你们积累的知识真是浩如烟海。

114. 读书

读书可以培养一个完人，谈话可以训练一个敏捷的人，而写作可以造成一个准确的人。

天下无论什么事情，都很容易满足，惟有两件事不得满足：一是读书，二是爱情。

不去读书就没有真正的教养，同时也不可能有什么鉴别力。

书不是工具，它不是达到任何目的的一种手段，它所献身的目的就是读者的自由。

即使到了最文明的时代，读书仍将是最大的乐趣。书能使受益者逢凶化吉。

读好书的前提条件在于不读坏书，因为光阴似箭，生命短促。

读书意味着借贷，利用所学的来创造就是偿还自己的债务。

爱读书是一种十全十美的享受，别的享受都有尽头，而读书给人的享受却是长久的。

爱读书，就是以人生无法回避的寂寞时光，换取美妙的时光。

一个人成名的最可靠方式，就是去写那些外表重要而明智者又不愿花时间亲自调查的事情。

115. 求知

科学上没有平坦的大道，真理长河中有无数礁石险滩。只有不畏攀登的采药者，只有不怕巨浪的弄潮儿，才能登上高峰采得仙草，深入水底觅得骊珠。

求知的目的不是吹嘘炫耀，而应该是寻找真理，启迪智慧。

智力绝不会在已经认识的真理上停止不前，而始终会不断前进，走向尚未被认识的真理。

勇于求知的人绝不至于空闲无事……我以观察为生，白天所见、所闻、所注意的一切，晚上一一记录下来，什么都引起我的兴趣，什么都使我惊讶。

一个热衷于追求知识的人和一个已厌倦一切、而想找一本书来消遣的人，两者之间有极大的差异存在。

趁年轻去探求知识吧，它将弥补由于年老而带来的亏损，智慧乃是老年的精神养料，所以年轻时应该努力，使年老时不致空虚。

生活的全部意义在于无穷地探索尚未知道的东西，在于不断地增加更多的知识。

精神上的各种缺陷，可以通过求知来改善，正如身体上的缺陷，可以通过适当的运动来改善一样。

在科学日益发展的时代里，如果我们及我们的子孙不加速求知，怎能赶上时代的巨变呢？

116. 好学

能够十年如一日地坚持学习的人，在某一方面一定能成为超群的佼佼者。

少小而学，及壮有为；壮年而学，及老不衰；老年而学，及死不朽。

读书的深刻含义，不是用甜言蜜语催你昏昏入睡，而是让你历尽艰辛并奉献出无数不眠之夜。

自学成才的人具有百折不挠的特点。

117. 才能

才能不是天生可以任其自然的，而是要钻研艺术，请教良师，才会成材。

一切才能都要靠知识来营养，这样才会有施展才能的力量。

一个好作家不但拥有他自己的才智，而且还拥有他朋友的才智。

个人只有在社会上占有为此所需的地位时，才能够表现出自己的才能。

一个人应该善于使用自己的才能，使它不至于枯竭，并且还要和谐地发展。

你要爱惜自己的才能！你的躯体对你来说，并不是重要的东西，而你的才能，却是献给人世间的礼物！

我没有什么特别的才能，不过是喜欢寻根究底地追求问题罢了。

才华智慧如不用于有益的地方，便和庸碌凡人毫无差别。

精明的人是精细考虑他自己利益的人，智慧的人是精细考虑他人利益的人。

118. 天才

天才永远存在人民中间，就像火藏在燧石里一样，只要具备了条件，这种死的石头就能够发出火花来。

天才人物的条件之一是要有创造发明，发明了某一种形式、某一个体系或某一种原动力。

天才的特征之一，就是把相距最远的一些才能结合在一起。

有些人本身没有天赋，可是却有着可观的激发天才的力量。

故天将降大任于是人也，必先苦其心志，劳其筋骨，饿其体肤，空乏其身，行拂乱其所为，所以动心忍性，曾益其所不能。

人人皆可有出类拔萃的追求，但不是一切追求出类拔萃者皆能成为真正的巨人。

119.智慧

智慧就在于说出真理，并且按照自然行事，听自然的话。

真正的智慧是知道那些值得知道的事，去做那些值得做的事。

真正的智慧不仅在于能明察眼前，而且还能预见未来。

智慧是无穷的，它前进得越远，也就越为人们所需要。

智慧不属于恶毒的心灵，没有良心的科学只是灵魂的毁灭。

智慧和目标是相辅相成的概念：崇高的目标能提高智慧的身价。

人在智慧上应当是明豁的，道德上应该是清白的，身体上应该是清洁的。

智慧是人类的洞察力，是品格，是许多事物的合成体。

一个人的智慧是他最好的朋友，谬误是最坏的敌人。

120. 思想

思想看来只是感觉的一种功能，而理性心灵也只是用来对观念进行思索和推理的感性心灵罢了。

思想是根基，理想是嫩绿的胚芽，在这上面生长出人类的思想、活动、行为、热情、激情的大树。

人的幸运不在于可见的财产的富足，而在于内在的不可见的思想的完美与丰富。

思想犹如树木，要有巨大的根部，深扎在土壤中，才能巩固而繁荣。

自己的思想是大海，别人的思想是江河，无论多少条江河流入大海，海水依然是咸的。

思想是黑暗生活中的永恒的、唯一可靠的灯塔，是生活中可耻的谬误的黑暗中的火光。

人的思想谁也无法焚毁，无法刺破，无法击伤，也不会丢失。

我们的武器是思想，而坚信思想自由，坚信不朽的思想创造力的不断增长，则是我们的力量取之不竭的源泉。

121. 教师

一个真正的教师指点他的学生的，不是已投入了千百年劳动的现成的大厦，而是促使他去做砌砖的工作，同他一起来建造大厦，教他建筑。

对一个有观察力的教师来说,学生的欢乐、兴奋、惊奇、疑惑、恐惧、受窘和其他内心活动的最细微的表现，都逃不过他的眼睛。

教师也是教育过程中最直接的有象征意义的人物，是学生可以视为榜样并拿来同自己做比较的人物。

教师的真正艺术就表现在教育孩子不仅用眼睛而且用心灵观察世界。

对一个教师来说，最大的危险就是自己在智力上的空虚，没有精神财富的储备。

教师的事业，从表面来看虽然平凡，却是历史上最伟大的事业之一。

122. 德智

要实现全面发展，就要使智育、体育、德育、劳动教育和审美教育深入地相互渗透和互相交织，使这几方面的教育呈现为一个统一的完整过程。

道德是做人的根本，没有道德的人，学问和本领愈大，就能为非作恶愈大。

形象地说，道德是照亮全面发展的一切方面的光源，而同时它又是人的个性的一个个别的、特殊的方面。

教育必须立足于道德和智慧，道德是为了支持美德，智慧是为了防止自己遭到不道德的侵凌。

教育者的最重大任务在帮助塑造人的品格。

读书而不加以思考，绝不会有心得，即使稍有印象，也浅薄而不生根，大抵在不久后又会淡忘丧失。

智慧要靠智慧来培植，良心要靠良心来熏陶，对祖国的忠诚要靠忠诚地为祖国服务来培养。

道德是习惯的结果，而理智与德行的诞生和成长，则基本上应归功于教育的作用。

123. 体美

美育是优美情操的培养。有优美的情操，自然不屑为恶，不屑与污浊为伍，不屑作奸犯科。

体育不仅仅是一种消遣，或是单纯的一种卫生保健，它更主要的是一种生活规律。

一个人可能具有的审美力的大小，是以他天赋的感受力为转移的；而它的培养和形成则取决于他所生活的社会环境。

经常的体育锻炼，不仅能发展身体的美和动作的和谐，而且能形成人的性格，锻炼意志力。

只是在审美状态中，我们才觉得像是脱开了时间，我们的人性纯洁地、完整地表现了出来，仿佛它还没有由于外在力的影响而受到任何损害。

美育是一种性灵的陶冶，是由于对美好事物的欣赏而得到的高格调的生活情趣。这种欣赏，可以使人了解在金钱物质之外的、更高的人生境界，不致沉迷于物欲，也不致斤斤计较狭小的恩怨得失。

美育是学生全面发展的一个不可缺少的部分，它的本质在于理解自然和社会的美，理解人与人的相互关系的美，在于以艺术眼光来认识周围现实，也在于培养艺术上的美的创造力。

124. 尊师

月亮万万千，太阳千千万，若是无良师，依旧是黑暗。

儿童信任你，因为你是教师、导师和人性的榜样。

儿童对教师的信任，犹如玫瑰花上的一滴洁净的露珠。请不要把这一滴露珠抖落，要珍惜信任。这也就是说，要珍惜儿童对人不加防备的心。

第三章

话题写作论句

1. 人生

人生每一寸光阴都应该有它高尚的目的。

人生在世，事业为重。

人生只有一生一死，要生得有意义，死得有价值。

人一生在我看来就是一个长途的旅行。

人生不是一个待解决的问题，而是必须经历的事实。

我们的生命是天赋的，我们唯有献出生命，才能得到生命。

众生互相传递着生命，正如赛跑的人一般，互相传递生命的火把。

生命如同故事，重要的不是它有多长，而是它有多好。

人的真正生命是人自己制造出来的，同时也是自身消耗掉的。

要获得理智，须付出昂贵的代价，它必须以青春为代价。

时间的威力在于：结束帝王的争战，把真理带到阳光下，把虚假的谎言揭穿。

时间常被说成是金钱，但它远不止这个——它就是生命。

时间是人所能耗费的最有价值的东西。

时间对人来说是生与死之间的跨度。

你热爱生命吗？那就别浪费时间，因为时间是组成生命的原料。

要成功一件事情，必须花掉毕生的时间。

抛弃时间的人，时间也抛弃他。

你不会两次涉足同样的河流，因为有其他水不断流入河中。

最伟大的牺牲，就是牺牲时间。

在时间的大钟上，只有两个字——现在。

要想有一面牢不可破的盾牌，就要站在自我之中。

意识到自己的存在就是最大的幸福。

只有尊重自己的人，才会尊重别人。

孩子的笑容可使最神圣的时刻更加神圣。

童年毕竟是艺术创作者所能汲取的最纯洁的源泉。

儿童固有的天性是追求光辉的和不平凡的事物。

给孩子一点儿爱，他将回报你许多的爱。

孩子们更需要的是榜样，而不是批评。

一个可爱的孩子是大自然中最可爱的事物。

如果你不首先培养活泼的儿童，你就绝不能教出聪明的人来。

年轻，这是任何东西都无法代替的至宝。

自私自利之心就是无知无识和错误认识的产物。

人的本性终难压抑，一旦时机成熟，总要露出头来。

人人之中有他人，但每个人都保存自己的个性。

专心致志是个性的唯一基础，同样也是才干的唯一基础。

每个人的个性都是根深蒂固的。

一个人在描述他人的个性时，其自身的个性即暴露无遗。

要成为一个有价值的人，就要发展你自己必须具备的个性。

个性和魅力——是学不会，装不像的。

如果说美貌是推荐信，那么善良就是信用卡。

善恶的区别，在于行为的本身，不在于地位的有无。

善与恶是同一块钱币的正反两面。

善的王国是有边界的，而恶的表现是没有边界的。

越是善良的人，越觉察不出别人的居心不良。

人失去了良心和正直——那就等于地球失去了引力。

有一种比政府法律更高的法则，那就是良心的法则。

普遍的道德是社会的基础，普遍的良心是法律的基础。

对于道德的实践来说，最后的服从就是人们自己的良心。

良心上的自由是人类至高无上的精神上的善。

良心是守护个人为自我保存所启发的社会秩序的保护神。

不做违背你良心的事，你就不会在世界上做什么坏事了。

要别人承认是人，总须在自己本国里先争得人格。

我的思想是不可屈的，虽然我的膝盖如此。

完美的人格，高尚的品德，是从实际生活中锻炼出来的。

在艺术和诗里，人格确实就是一切。

所有好东西都是便宜的，所有坏东西都非常昂贵。

人若要喜爱你自己的价值，你就得给世界创造价值。

有时候一个人为不花钱得到的东西付出的代价最高。

人生的价值，并不是用时间，而是用深度去衡量。

每一个正直的人都应该维护自己的尊严。

对人来说，最重要的东西是尊严。

哪里有理性、智慧，哪里就有尊严。

自爱是我们所有感情和所有行动的基础。

自爱唤醒善良的心灵，犹如一石击破湖面的平静。

人不自爱，则无所不为；过于自爱，则一无所为。

在人类抽象的爱里，一个人差不多永远只是爱自己。

如果一个人不爱自己，他就不会爱任何人。

人多不足以依赖，要生存只有靠自己。

成功属于最强者，属于始终是最聪明、最杰出的人。

人，谁都想依赖强者，但真正可以依赖的只有自己。

凡是天性刚强的人，必定有自强不息的力量。

做事要有毅力，要自强不息，不要指望别人给你喝彩。

一个人即使已登上顶峰，也仍要自强不息。

让每个人都把希望寄托在自己身上。

有自信心的人，可以化渺小为伟大，化平庸为神奇。

自信与骄傲有异：自信者常沉着，而骄傲者常浮扬。

先相信你自己，然后别人才会相信你。

自信是从事大事业所必须具备的素质。

充分自信、完全自给的人是最幸福的。

你如何看待自己远比他人如何看待你重要得多。

能把握住自己的人很快就能控制别人。

最大的骄傲与最大的自卑，都表示心灵的最软弱无力。

有自知之明的人常常转动心中的明镜鉴照自己。

认识自己的无知是通往智慧殿堂的门槛。

人应该了解自己，而了解自己也是世界上最难的课题。

一个人的真正伟大之处就在于他能够认识到自己的渺小。

征服自我的人是最了不起的胜利者。

人类的主要优点在于能抵制天性的冲动。

2.命运

人的前途只能靠自己的意志、自己的努力来决定。

不管我们漫游到什么地方，命运的引线永远在我们面前。

生活就是渴望幸福，就是为了幸福而斗争。

维持幸福，比获得幸福更加困难。

幸福是一个债主，借你一刻钟的欢悦，叫你付上一船的不幸。

我认为自由不在于随心所欲，而在于自由的必然性。

自由向来是一切财富中最昂贵的财富。

只有自由，才能给飞逝的生命之花带来光彩和芳香。

对人生来说，健康并不是目的，但它是第一个条件。

我们深信健康是生活的出发点，也就是教育的出发点。

健康是个人的欲望和能力与社会秩序的和谐。

健康是自然所能给我们准备的最公平、最珍贵的礼物。

我们要能工作，要有幸福，必须先有健康。

只有愚者才等待机会，而智者则造就机会。

机遇总会找到善于利用机遇的人。

靠机遇生活的人，不会节约着过日子。

机会来的时候像闪电一般短促，全靠你不假思索地利用。

一个明智的人总是抓住机遇，把它变成美好的未来。

只要有所事事，有所追求，人就把握住了机遇的车轮。

金钱可以成为人的奴隶，也可以成为人的主人。

毫无疑问，财产同自由一样，是人类的一项真正权利。

财产是文明社会真正的基础，公民事业真正的保证。

荣誉和财富，若没有聪明才智，是很不牢靠的财产。

财富只有当它为人的幸福服务时，它才算作财富。

难得碰到的好运气，我认为要抓住不放还得靠自己。

承受厄运需要美德，承受幸运需要更高的美德。

没有人能抓住幸运不动，并永久地保持下去。

幸运最能发现罪恶；而厄运最能发现美德。

时运亨通时趾高气扬的人，在时运不济时就会萎靡不振。

不是一切快乐，而只是正直高尚的快乐才能构成幸福。

人们在自己不快乐时，很少能给别人以快乐。

一个人的快乐在于脚踏实地地工作。

快乐是幸福生活的开始和目的。

恶运是一个深不可测的宝藏。

即使最不幸的生活中也有阳光明媚的时刻。

灾难是在你忘了它的时候来临的。

对着困难摇头，就无权在胜利面前点头微笑。

不幸可以提供意想不到的可能，使人认识生活。

抛开自己的本行，去做不相宜的事情，自然会遭到不幸。

生命是建筑在痛苦之上的，整个生活贯穿着痛苦。

3. 生活

生活比胆汁还要苦，但如果没有胆汁，就谁也没有生活。

饮食之乐不在昂贵的香味，而在吃的人自己。

人吃喝是为了活着，而活着并不是为了吃喝。

那过时最快的东西是那一开始显得最时髦的东西。

贪杯好饮是万恶的根源。

酒杯中可见天堂，但纵情狂饮只能下地狱。

酒虽说是百药之长，但万病都起源于酒。

过多的休息和过少的休息同样使人疲劳。

早睡早起能使人健康、富有、聪明。

人应该劳逸结合，张弛有致。

放松与娱乐，被认为是生活中不可缺少的要素。

腾不出时间娱乐的人，早晚会被迫腾出时间生病。

适度的娱乐能放松人的情绪，陶冶人的情操。

人有一种喜爱的心理，不仅成人如此，儿童也是如此。

唯有对外界事物抱有兴趣才能保持人们精神上的健康。

人们往往从爱好走向热望，但很少能从热望回到爱好。

旅行是真正的知识最伟大的发源地。

有志者应该出去见见世面，不要老是呆在家中。

收藏便是静中的享受，闲里的纳福，可谓其乐无穷。

停止便是死亡，只有运动才能敲开永生的大门。

我生平喜欢步行，运动给我带来了无穷的乐趣。

心病是世界上任何名医都无法医治的。

生活充实的人才能长寿。

4. 真理

人类对真理冷若冰霜，对谬误却热情似火。

大自然把人们困在黑暗中，迫使人们永远向往光明。

政治斗争是一种社会改造的手段。

公众的怒吼是世上血腥味最浓烈的声音。

反抗是人的本质属性之一。

伟大的理想只有经过忘我的斗争和牺牲才能胜利实现。

5. 理想

人的活动如果没有理想的鼓舞，就会变得空虚而渺小。

希望是全人类共有的东西，即使是不名一文的乞丐也有。

与过去的历史相比，我更喜欢未来的梦想。

回首过去觉得自傲，瞻望未来则充满信心。

每个圣人都有过去，每个罪人都有未来。

一个人要对昨天感到快乐，而对明天具有信心。

对未来的真正慷慨就在于把一切献给现在。

一个不知道明天该怎么办的人，就是不幸的。

人类的一切努力都应当着眼在未来的人生。

我们不是等待未来，我们在创造未来。

对待信仰也像对待爱情一样，是需要勇气和胆量的。

人类最高的道德是什么？那就是爱国心。

真理决不能和祖国分开。这两种事业是合二为一的。

人民不仅有权爱国，而且爱国是一种义务，是一种光荣。

我们的祖国是我们所有人共同的生身父母。

我惟一的遗憾是，我只有一个生命奉献给祖国。

对于所有有良心的人来说，祖国是多么可亲啊！

连祖国都不爱的人，是什么也不会爱的。

我重视祖国的利益，甚于自己的生命和我所珍爱的儿女。

我是中国人民的儿子，我深情地爱着我的祖国和人民。

对于每一个人，他所能选择的奋斗方向是宽广的。

无论做什么事情，只要肯努力奋斗，是没有不成功的。

只有执着追求并从中得到最大快乐的人，才是成功者。

信心是人的征服者；它战胜了人，又存在于人的心中。

人可以攀登任何高处，但为此需要决心和信心。

本领加信心是一支战无不胜的军队。

命运的主宰是人自己，而人自己的主宰是意志。

我们必须作为思索的人而行动，作为行动的人而思索。

行动也许不一定带来快乐，但是没有行动就决没有快乐。

行动就好比是一个什么钥匙都可以开的匣子。

伟大的生活目标不是知识，而是行动。

耐心和勤奋，如同信心一样，可以移山。

能助人成就事业之伟人，皆具有坚忍不拔之美德。

在失败者的武器库中，耐心是最有力的武器。

6. 事业

伟大的事业，要靠坚强的决心和强烈的愿望才能完成。

一个人在哪儿都能找到自己的天地，只要他肯付出代价。

工作是使生活得到快乐的最好方法。

工作本身应该是重要的，它本身就是一种享受。

生活的意义在于创造，而创造是独立自在、没有止境的！

一切发明创造都是经过许多失败的经历而后成功的。

现在的一切美好事物，无一不是创新的结果。

敢于走前人没有走过的路的拓荒者，永远是不朽的。

人类最高的欲求，是在时时创造新生活。

只要持续地努力，不懈地奋斗，就没有征服不了的东西。

在一个人生命的初始阶段，最大的危险就是：不冒风险。

风险越大，甘冒风险的自傲也越强。

自我信任是成功的第一个秘诀。

失败往往是黎明前的黑暗，继之而出现的是成功的朝霞。

从未失败过的人是绝不会变得富有起来的。

如果失败已成定局，再玩弄策略也改变不了失败的命运。

失败可能是变相的胜利；最低潮就是高潮的开始。

失败不该成为颓丧、失志的原因，应该成为新鲜的刺激。

7. 道德

德不是天生的，是人造的。所以要由人去保卫它。

人们的美德常常表现出来，但恶习却总是乔装打扮。

给道德以应有的地位，给每一件好事以恰当的鼓励。

应该热心地致力于照道德行事，而不要空谈道德。

善的光荣是在人们的良心中，而不在人们的话语里。

如果毁掉了你的名誉，分明也就是送掉你的性命。

没有信念，就没有真正的美德。

美德可以是灵魂的礼貌。

只有美德才能赢得不朽的名誉。

美德像火一样包藏不住，一定会冒出头来。

人在顺境中要比在逆境中更需要美德。

正因为罪恶的对照，美德才愈加明显。

甘居下位不算美德；能往下降才是美德。

心灵的纯美，是决定人的价值的第一标准。

光有伟大的品质还不够，还需好好地加以运用。

人的性格，是我们所能感觉到的世界上最高的美。

品格是一个人的内在，名誉是一个人的外貌。

品格能决定人生，它比天资更重要。

如果没有那些非公正的事情，人们就不知道公正的名字。

谴责某些人以警告另一些人是我们公正的一个习惯。

许多人的品德高尚往往是实践的结果，而不是天性使然。

高尚的灵魂不是宽恕的灵魂，而是无需宽恕的灵魂。

崇高的目标可以显示我们的力量，增加我们的力量。

高尚者的丰碑是他们自己的美德。

在一切道德品质之中，善良的本性在世界上是最需要的。

真有才能的人总是善良的，坦白的，爽直的，决不矜持。

做人要心胸开阔，对事要思想开明。

一味的正直是不够的，还得考虑温厚和宽恕才是。

他的胸怀巨若世界，却容不得半点邪恶。

勤奋是一种可以吸引一切美好事物的天然磁石。

对于勤奋与才能来说，几乎没有办不到的事情。

整个社会的游手好闲将迅速造成整个社会的毁灭。

终日辛勤的劳动，满足了每日质朴的需求。

健康的简朴的物质生活，能生成最崇高的精神生活。

艰苦的生活比舒适的生活往往会更使人养成良好的品质。

挣了钱却不知道节省的人只能劳累终生。

要想保持收支平衡，就要该花的花，该省的省。

人们常常是通过软弱而达到坚强，通过怯懦而达到勇敢。

诚实比一切智谋更好，而且它是智谋的基本条件。

作伪是天下最苦恼的事情，老老实实是最愉快的事情。

在一个骗人的世界里，诚实的人反而会被人当骗子看待。

真正的谦虚是最崇高的美德，是美德之母。

人越是高尚，对自己的评价就越是谦虚。

一切真正的和伟大的东西，都是淳朴而谦虚的。

心地谦逊的人，往往富有高尚的情操。

8. 情感

不尊重别人感情的人，最终只会引起别人的讨厌和憎恨。

热情有极大的价值，只要我们不因此忘乎所以。

历史给我们的最好的东西就是它所激起的热情。

有的兴奋热情比一切道德教训更能防止真正的堕落。

激情由最初的意识形成，它是心灵的青春。

没有激情，世界上任何伟大的事业都不会成功。

只有热情，巨大的热情，才能使灵魂升华。

同情是把两面有刃的利刀，不会使用的人最好别动手。

要想让一切都服从你，你就必须首先服从理智。

人们每违背一次理智，就会受到理智的一次惩罚。

理智不能用大小或高低来衡量，而应该用原则来衡量。

应该依赖自己的理智，从生活的合乎情理的现象出发。

心灵的创伤和肉体的创伤一样使人痛苦。

伟大的心像海洋一样，永远不会封冻。

心灵非武力所能征服，但可被爱或德所征服。

如果以愉快的心情谈起悲伤的事情，悲伤就会烟消云散。

9. 交际

知识使人变得文雅，而交际能使人变得完善。

人类在相互的交往中寻求安慰、价值和保护。

交际是人生一大乐趣。

人类是不能只凭他们的行为来评判的。

谁喜欢什么样的朋友，谁就是什么样的人。

人总喜欢有个伙伴，哪怕只是一根小小的点燃着的蜡烛。

10. 处世

一个人比另一个人高贵之处就在于他能承认对方的价值。

宁可让人待己不公，也不可自己非礼待人。

尊重人的尊严，这是一件多么干净、多么美好的事啊！

我们应该用希望朋友对待我们的方式去对待朋友。

不了解一个人是不可能谈得上尊敬一个人的。

信任是消除担心的基础。信任是力量，信任是动力。

疑心夺走了众多快乐，却不还给我们任何东西。

作伪与掩饰会剥夺一个人做事的主要工具——信任。

在重大问题上，信任总是姗姗来迟。

赞扬对高贵者是鼓励，对平庸者则是追逐的目标。

赞美别人就是把自己放在同他一样的水平上。

赞美有时是斥责，斥责有时是赞美。

赞扬，像黄金钻石，只因稀少而有价值。

竭诚相助亲密无间，乃友谊之最高境界。

困难以及希望渺茫时，最大胆的帮助是最为安全的。

人与人之间最高的信任，无过于言听计从的信任。

只有信用才会比才智更加深交情。

有信用不一定要有钱，但有钱就一定要有信用。

言忠信而行正道者，必为天下人所心悦诚服。

誓言不一定尽如人意，但每个人都必须对誓言负责。

只有首先做到言出必行，你的话才有信用。

礼貌是博爱的花朵。不讲礼貌的人谈不上有博爱思想。

礼节是所有规范中最微小却最稳定的规范。

11. 文教

学问并不是命运赐给某些个别人的"福分"。

学问必须合乎自己的兴趣，方才可以得益。

学问是异常珍贵的东西，从任何源泉吸收都不可耻。

在科学上，除了汗流满面是没有其他获致的方法的。

我活着为了学习，而学习并不是为了活着。

读书可以作为消遣，可以作为装饰，也可以增长才干。

花很长时间学会的东西，是不会轻易忘记的。

走马观花，浅尝辄止的学习，是绝不会有成效的。

才能是长期努力所获得的报酬。

才能一旦让懒惰支配，它就一无可为。

缺乏才智，就是缺乏一切。

天才有弱点并不少于普通人，也许更多一些。

天才免不了有障碍，因为障碍会创造天才。

人才进行工作，而天才进行创造。

天才能够洞察眼前的世界，进而发现另一面世界。

天才在逆境中才能显出，富裕的环境反而会埋没它。

没有某些发狂的劲头，就没有天才。

天才就是长期劳动的结果。

于平凡中看到奇迹是智慧的永恒标志。

我们最稳当的保证人，是我们自己的智慧。

没有智慧的蛮力是没有什么价值的。

他不甘当个傻瓜，这是迈向智慧的第一步。

我们要努力地好好思考，这就是道德的原则。

思想的世界——是以人的智慧作为主题的无尽的世界。

思想是自己的主宰，可把地狱变成天堂，天堂变成地狱。

只有伟大的思想才是永垂不朽的。

办好教育的关键，第一在于教师，第二还在于教师。

教师的影响是永久的。教师绝不能停止自我感化。

教师不仅是知识的传播者，而且是模范。

一个人首先要教育自己，而后才去接受别人的教育。

全面的教育是使任何活动成功所必需的。

身体的健康因静止不动而破坏，因运动练习而长期保持。

使学生对教师尊敬的惟一源泉在于教师的德和才。

第四章

话题写作论点

1. 人生

人生　生命　命运　死亡　儿童　青年　中年　老年

2. 青春

青春　时间　惜时　希望　友情　热情　激情　才能　勇敢
坚强

3. 生活

生活　衣着　烟酒　饮食　休息　娱乐　游览　健康　养生
运动

4. 性格

性格　个性　爱憎　自尊　理智　善良　诚实　豁达　自私
孤独

5. 品德

品德　美德　道德　正直　诚恳　高尚　良心　精神　邪恶
罪恶　愚昧　贪婪

6. 理想

理想　目标　未来　追求　奋斗　意志　毅力　勤奋　坚持　创造　时机　事业

7. 成功

成功　自立　自信　志气　名誉　荣誉　机遇　境遇　逆境　成败

8. 习惯

习惯　劳动　勤劳　谦逊　谦虚　骄傲　懒惰　怯懦　奢侈　谄媚

9. 心灵

心灵　忧愁　忧伤　烦恼　羞怯　恐惧　嫉妒　愤怒　怒气　怜悯　怀乡　失望　怀疑　悲欢　憎恨

10. 幸福

幸福　金钱　财富　勤俭　节约　欲望　满足　懒惰　苦难

191

灾难

11. 情感

情感　情欲　同情　热情　仁爱　快乐　乐观　痛苦　恩怨　耻辱

12. 修养

修养　教养　宽容　胸怀　文明　幽默　感性　诚信　知足　悔改　仁慈　气节　正义　远见　务实　意志　自我

13. 言行

言行　言谈　欢笑　谨慎　慷慨　节制　自制　信用　自知　达观　谎言　撒谎　犹豫　欺骗　虚伪　虚荣

14. 爱情

爱情　感情　恋爱　爱心　泛爱　结婚　夫妻　家庭　母爱

192

15. 处世

交际　做人　处事　工作　友谊　待人　礼貌　识人　荣辱
不朽

16. 爱国

爱国　爱民　伟人　英雄　民主　自由　公正　名利　为公
雄心　抱负　献身　自强　自信　野心

17. 哲理

哲理　哲学　哲人　格言　美感　辩证　辩证法　规律　矛盾

18. 智慧

智慧　机智　天才　思想　研究　灵感　发明

19. 精神

精神　真理　信仰　价值　实践　行动　信心　磨炼　乐观
逆境

20. 文化

文化　认识　见识　思考　哲学　经验　理论　想象　学者
权威　争鸣　批评　辩论　偏见　假说　无知　怀疑　欣赏

21. 艺术

艺术　艺术家　文学　文学家　戏剧　电影　美术　绘画　音乐

22. 教育

教育　科学　历史　语言　新闻　书法

23. 知识

知识　书籍　读书　学习

24. 自然

自然　世界　宇宙　人类　时间　空间　物质　唯物　唯心
时空　运动　发展